Prospective
VIVRE DEMAIN

MON JOB
DE LA PEUR AU PLAISIR

Ouvrages du même auteur en collaboration :
- Apnées, ronflements et troubles du sommeil.
- Surdités, acouphènes et troubles de l'audition.
- Surdités et troubles de l'audition : prothèses et aides auditives.

Ouvrages du même auteur :
- Guide de survie pour mère de famille monoparentale.

ISSN : 2101-2792
ISBN : 978-2-7033-0823-2

© Éditions Dangles, 2010.

Une marque du groupe éditorial PIKTOS,
Z.I. de Bogues - rue Gutenberg - 31750 Escalquens
Bureau parisien : 6, rue Régis - 75006 Paris

www.piktos.fr

Tous droits de reproduction, de traduction
et d'adaptation réservés pour tous pays

Michèle LE PELLEC

Prospective
VIVRE DEMAIN

MON JOB
DE LA PEUR AU PLAISIR

Un ouvrage publié sous la direction de
Marc Halévy

Préambule

« On a tout essayé »

(Émission de France 2)

L'entreprise, une personne morale ? L'entreprise est créée pour produire de la richesse et satisfaire aux besoins des actionnaires. Ce besoin est protégé par la loi. Cette réalité s'impose dans un contexte de moralisation des pratiques, de normalisation en matière d'organisation, de qualité et d'environnement. Déjà, les normes éthiques et sociales font une entrée remarquée.

Derrière leur façade rassurante, les entreprises « conduisent le changement ». Trois mots d'ordre des cabinets « majors » de conseil en management : accélérer le rythme, fixer des objectifs impossibles à atteindre et communiquer largement. Il faut créer artificiellement un sentiment d'urgence...

Que devient le salarié, alors que les solidarités, la représentation syndicale, la fierté d'appartenance et les métiers s'effritent ?

Dépendant de l'entreprise dont il tire sa subsistance, il ne peut guère la quitter avec légèreté.

L'emploi se fait rare. Sans échappatoire possible, il est psychologiquement fragilisé par les méthodes, les organisations, les cadences, et la nature du travail demandé.

L'entreprise est mobilisée. C'est un rouleau compresseur destiné à créer de la marge. Elle doit convaincre les acteurs de la bourse ! Elle est donc condamnée à l'indifférence face aux besoins de dignité de ses salariés, à leurs besoins physiques et psychologiques, tout en demandant encore plus de motivation et d'adhésion.

France - L'enquête Samotrace, menée par l'InVS (Institut de Vieille Sanitaire) entre 2006 et 2008 a mis en évidence un sentiment de mal-être pour 24% des hommes et 37% des femmes, de surinvestissement de 33% chez les hommes et 38% chez les femmes et la conviction de travailler d'une façon qui heurte la conscience professionnelle pour 14% des hommes et 12% des femmes.

Ce guide n'a pas pour but de changer l'entreprise, ni de révolutionner le travail. Il a pour ambition de rendre à chacun de nous le plaisir d'aller travailler. Et, puisque nous avons « tout essayé », il nous invite à renouveler notre façon de penser la relation au travail. Il nous incite à imaginer de nouveaux modes d'investissement professionnel. Il nous suggère de mettre nos compétences au service de nos besoins, de nos plaisirs et de nos rêves.

En contrepoint, ce livre a pour ambition d'inciter les entreprises à rénover leurs pratiques managériales. Elles devront désormais séduire ces salariés qui auront appris à choisir avec qui, chez qui, pour quoi ils vont investir leur capacité de travail, en toute liberté.

Imaginons un instant que ce système qui nous enferme et nous fait souffrir ne soit qu'une construction sociale de la réalité, individuelle et collective ! Chacun de nous peut alors choisir d'y collaborer, un peu, beaucoup, ou pas du tout…

Le déni et les non-dits sont des sources majeures de mal-être. Commençons par les identifier et par les nommer ! Engrangeons des connaissances nouvelles et expérimentons des comportements inédits !

Première étape libératrice : ne prenons plus nos désirs pour des réalités ! Ne nous tapons plus la tête contre les murs de notre carcan mental ! Seconde étape créative : apprenons à choisir selon nos désirs !

C'est en repoussant les frontières qui nous permettent d'assumer notre part de responsabilité et de choix que nous retrouverons le plaisir du travail.

Introduction

Doucement, sans faire de bruit
Comme on réveille la pluie,
Je vais prendre ta douleur.
Camille

Nuit agitée, réveil pâteux. Un nœud douloureux vous torture au niveau du plexus. Troisième bol de café. Limite de l'écœurement. Se faire beau, sourire, avoir l'air content. C'est l'heure d'y aller. Où ? À votre travail. Parce qu'il vous nourrit, vous et votre famille. Parce que vous n'avez pas trouvé d'alternative plus tolérable. Parce qu'il n'y a pas d'alternative du tout. Humilié, disqualifié ? Pas vraiment : réduit à la fonction de variable d'ajustement de l'entreprise.

Ce matin, plus que les autres, vous avez le sentiment de marcher sur la tête. Furtif au départ, ce sentiment s'est mué peu à peu en un état permanent, une pesanteur à laquelle il faut arracher chaque geste, chaque action, chaque pensée. Progressivement, vous êtes paralysé. Impossible de simuler plus avant. Votre cœur fonctionne au ralenti, votre système digestif multiplie les signaux d'alerte.

Ne cherchez pas ! Votre cerveau, semblable en cela à cette part de notre cerveau originel, dit reptilien, a enregistré la peur et l'échec de cette étape professionnelle. Ce nouveau fonctionnement est désormais codé dans votre hippocampe et votre cerveau amygdalien. Depuis la nuit des temps, ces deux parties du cerveau assurent la survie chez tout animal, grâce un décodage rapide et câblé de l'environnement. Elles sont en prise directe avec les systèmes ortho et parasympathique[1].

Pour survivre aujourd'hui, et satisfaire notre pulsion fondamentale de plaisir, nous allons devoir apprivoiser ce vieil animal qui vit en nous.

Nous avons peu de chances de changer immédiatement la réalité du monde. Peu de chances d'échapper au problème qui nous hante. Mais nous pouvons apprendre à recadrer mentalement cette réalité, à lui donner un autre sens.

Ensemble, nous allons apprendre à y intégrer de nouveaux éléments, jusqu'à ce qu'une solution complètement inédite apparaisse comme évidente.

---

1. Le système nerveux végétatif comprend tous les nerfs et centres nerveux qui contrôlent les glandes et les viscères. On utilise abusivement le terme de « sympathique ». Le système orthosympathique a une action globale sur les muscles lisses et les viscères (activation cardio-vasculaire, respiration, dilatation pupillaire, ralentissement du tube digestif). Il assure la mobilisation générale de l'organisme face à une situation alarmante. À l'inverse, le système parasympathique reconstitue les ressources énergétiques de base.

Introduction

Nous appellerons ce mécanisme : L'effet pirouette[2]

Pour que notre cerveau puisse réaliser cette pirouette, il doit prendre du recul, analyser les faits, éclairer la réalité par de nouvelles connaissances, compétences, ou analogies inhabituelles. Chacun de nous peut utiliser ses ressources d'intelligence et d'émotion pour assumer sa part de liberté et de responsabilité. Nous allons rester debout.

> *Un directeur d'entreprise, polytechnicien, participe à un déjeuner d'affaires. Il est mince et sportif. Ses confrères, nettement plus enveloppés, lui demandent son secret. « Simple, dit l'autre, chaque jour, je décide quelles seront les deux couleurs des aliments que je vais manger ! » Ce curieux régime laisse ses interlocuteurs stupéfaits. Il se reprend : « En fait, peu importe le régime que l'on suit. L'objectif de cette règle est de se concentrer sur ce qu'on mange et d'en prendre conscience. Cette nouvelle relation avec la nourriture suffit à maintenir l'équilibre. »*

Dans toutes les entreprises, l'ouverture des marchés internationaux rime avec mise en concurrence des compétences.

La politique des États n'est plus le rempart de l'emploi.

---

2. Au-delà du fonctionnement en rupture des grands génies comme Einstein, Léonard de Vinci ou autre Galilée, le plus bel effet pirouette au quotidien se constate lorsque le problème devient la solution. Exemple : Un étudiant en classe préparatoire se plaint de ne plus arriver à se réveiller le matin. Pourtant, il doit se lever pour assister aux cours et continuer à étudier à un rythme soutenu. Informé sur les différents stades des cycles de sommeil et sur la notion de dette de sommeil, il apprend non pas à se réveiller mais à dormir, et termine brillamment ses études. Tout effet pirouette énoncé devient instantanément une banale évidence.

Chacun de nous doit à la fois se protéger de l'envahissement par la multitude, par le prêt-à-penser normalisateur, et garder la capacité à s'ouvrir aux autres, à l'autre et à lui-même. Plus que jamais, nous avons l'obligation de construire une vision personnelle du monde, une vision adaptée à notre plan survie.

Apprenez la magie du recadrage

Les expériences récentes en neuroscience soulignent à quel point l'interprétation ou l'évaluation d'un contexte change l'émotion ressentie et l'activation de régions différentes du cerveau.

Utilisons l'image d'E. G. Boring (psychologue de la cognition – 1950), qui s'appuie sur une caricature réalisée par William Hill en 1915 sous le titre : *Ma femme, ma belle-mère*

Ma femme, ma belle-mère

Entre l'image globale et la vision des deux femmes, la jeune femme et la vieille femme, il n'y a que quelques étapes minimes. Elles suffisent pour voir la vieille dame, la bouche marquée d'un trait épais, ou la jeune femme, le cou orné d'un collier délicat. La perception que nous avons du dessin initial dépend de notre état d'esprit, de notre première approche visuelle. Dès que les deux femmes ont été identifiées, la vision initiale perd son unicité. Le cerveau a définitivement acquis une nouvelle vision.

L'**effet pirouette** se manifestera spontanément, quelques secondes ou quelques heures plus tard, voire une nuit de sommeil plus tard, dans le grand mystère des phases de sommeil paradoxal.

L'adaptation de l'homme et de la femme à son environnement, à ses défis, à sa survie, passe depuis longtemps par le développement des structures de son cerveau, de ses capacités d'analyse, d'anticipation et d'action. Ces compétences se sont ajoutées progressivement aux instincts de survie propres au règne animal. Mais les réactions réfléchies sont parfois en opposition avec les réactions instinctives. Ainsi, nous avons appris à surmonter la peur, mais nous développons de plus

> Les deux types de changements : Un homme est poursuivi par un lion. Il court en tirant ses cartouches les unes après les autres. Il parvient à la rivière… Et là, un énorme crocodile déploie déjà ses mâchoires aux dents acérées. Plus qu'une cartouche ! Tirer la dernière cartouche ? L'histoire continue, c'est seulement une péripétie, dit changement de type 1. Mais si le chasseur se réveille alors, couvert de sueur, ce réveil et le changement total de contexte illustre le changement de type 2 et la rupture.

en plus de syndromes d'angoisse. Nous pouvons diminuer notre ration alimentaire pour mincir, mais notre corps se protège en faisant des stocks dès la fin du premier régime.

Dans le contexte international, qui nous écrase et nous inquiète, nous pouvons baisser les bras devant l'évolution du monde. Nous pouvons décider de devenir chacun le prédateur de tous. C'est ce à quoi nous incitent certains films de science-fiction, ou les thrillers à l'affiche. Rien ne nous empêche de prédire avec fatalisme la fin du monde ou la fin d'un monde vivable. Mais nous pouvons aussi, chacun dans notre minuscule univers, et chacun vis-à-vis de lui-même, utiliser les capacités d'évolution de notre cerveau pour faire face à ces nouveaux défis, comme des êtres humains en devenir... vers le meilleur.

Notre premier espace d'aventure et de survie aujourd'hui est notre espace professionnel. Or, dans l'univers de l'entreprise, les contraintes paradoxales se multiplient à tous les niveaux.

> « Rétrospectivement, toutes les idées créatives de valeur sont logiques. Cependant, à l'origine, elles sont d'habitude invisibles pour l'esprit logique. La Pensée Latérale® vous donne le pouvoir de dépasser les moments d'aveuglement pour trouver de nouveaux concepts et de nouveaux modèles.
>
> Elle vous donne la possibilité de créer des idées originales et valables à la demande. »
>
> ***Edward de Bono Réf.[1]***

Introduction

Il faut être à la fois tout et son contraire, adhérer au discours et garder sa lucidité, se protéger et avoir confiance, être leader et se fondre dans le consensus.

Nous devons suivre les processus qualité, et accepter l'imperfection faute de moyens ; promouvoir l'organisation rationnelle du travail, et être à l'aise dans une organisation tentaculaire multicouche, où la loi du « plus avec moins », « plus de marges » s'impose avec une logique prédatrice. Sur ce chemin, tous les choix sont inappropriés : celui de transférer le poids des contraintes sur les autres – ceux qui dépendent de nous ; celui de sombrer dans la dépression ou les phobies… Ni l'un ni l'autre de ces choix n'est optimum pour le développement durable de soi, de l'entreprise ou même du pays.

On pourrait croire qu'il n'y a pas d'enjeu de survie au sens physique du terme. Est-ce aussi vrai que cela ? Chacun sait combien il lui sera difficile de retrouver un autre travail, de conserver son espace vital, son territoire, une fois le travail perdu. Nous avons tous assisté, impuissants, à l'éclatement des familles lorsque l'adulte référent ne peut plus assumer ses responsabilités et ses charges. Ces préoccupations sont-elles si éloignées de la préoccupation primitive et animale : le terrier, le territoire, la survie de l'espèce et la protection de la descendance ? Dans les cas les plus défavorables, la survie physique peut également être en jeu, lorsque les protections sociales disparaissent et que la maladie s'installe.

L'analyse du danger professionnel reste encore largement du ressort du cortex. Mais l'amygdale, cette partie du cerveau consacrée au système de survie instinctif, dispose d'une large palette d'actions sur l'organisme. C'est elle qui met en branle le système nerveux autonome, active les surrénales et libère l'adrénaline. Combattre ou fuir ?

Le système de survie instinctif a aussi de la mémoire. La réponse physique à toute situation de danger sera mémorisée inconsciemment. Le mécanisme de la peur est alors ancré pour la vie. Certains psychologues ont suggéré d'apprendre à vivre « ici et maintenant » : amnésique du passé et indifférent à l'avenir. Mais notre cerveau le peut-il ?

Encore une fois, rappelons-nous que nous avons la capacité de développer notre cerveau, de mobiliser les compétences existantes, de comprendre et de gérer le fonctionnement de notre cortex. Nous savons aussi le protéger et en faire un allié puissant. Notre véritable espace de liberté futur est notre espace mental. Nous commençons seulement à en percer le fonctionnement.

Ces découvertes réconcilient nombre de théories de psychologues et de psychiatres.

Elles nous offrent une nouvelle grille de lecture de nos comportements individuels et collectifs. Elles nous confrontent à une nouvelle obligation vis-à-vis de nous-mêmes. Le cerveau n'est plus une boîte noire que seuls quelques privilégiés peuvent ouvrir grâce à l'analyse, ou faire évoluer grâce aux thérapies comportementales ou autres accompagnements. Il devient à la fois mémoire, organisation de pensée, méthode et outil de travail, structure mentale, modèle d'interprétation du monde, miroir de l'autre, outil de recadrage…

Introduction

Les scientifiques nous ont également appris que nos réactions sont conditionnées par la production de neurotransmetteurs et de neurohormones, qui facilitent ou inhibent les connexions entre les neurones. Ce sont ces molécules discrètes qui nous font ressentir l'angoisse, la peur ou le contentement. Certains l'appellent « le cerveau liquide », par opposition aux câblages physiques des synapses. Cette production chimique, tantôt facilitatrice des connexions, tantôt inhibitrice, dépend aussi de nos émotions et de notre interprétation de la réalité. Elle dépend donc en partie de nous.

Comme tout organe, le cerveau peut se fatiguer s'il est sollicité trop souvent, trop violemment. Attention au *burn-out* ! Nous sommes responsables de cet organe en perpétuelle construction. Car, si nous sommes le fruit de notre passé, le futur nous appartient encore.

Ainsi, en s'appuyant sur les capacités et le mode de fonctionnement de son cerveau, chacun de nous est capable de changer sa perception de la réalité, de trouver un sens à sa vie et de donner du sens à celle des autres. Peu à peu, dans ce nouvel espace, nous réapprendrons le plaisir de vivre.

Les différents plaisirs

Entre le plaisir naturel, sauvage, et le plaisir culturel, raffiné, s'accumulent des siècles d'hominisation. Le travail, me semble-t-il, n'est pas fini. Et dans ce moment de l'histoire, le plaisir a tendance à faire les frais du processus de civilisation. Car les civilisations n'aiment pas le plaisir. Elles le voient d'un mauvais œil, comme une occasion de fragmenter les collectivités, comme une pulsion asociale, voire antisociale, apolitique, voire antipolitique. [Cette puissance] agit prioritairement en énergie rebelle et individuelle, quand la culture ne connaît que des structures destructrices de particularités.

Le manifeste de Michel ONFRAY (1999)

Comprenez vos émotions 1

Comment veux-tu qu'la terre tourne à l'endroit si nos cerveaux marchent à l'envers, man ?

Réaction, réaction !

113

Les scientifiques ne sont pas toujours d'accord sur la liste des différentes émotions, ou sur leurs manifestations somatiques caractéristiques. De plus, ces signes peuvent avoir des origines culturelles, génétiques ou personnelles. Certains pleurent de joie et ont mal au ventre de peur. Pour d'autres, l'organe le plus sollicité sera la vessie, ou le cœur, dont le rythme peut accélérer ou ralentir.

En revanche, il devient clair qu'il existe une relation entre le cerveau, son interprétation des *stimuli* extérieurs et les organes, reliés au cerveau par les systèmes nerveux parasympathique et orthosympathique. Ces deux systèmes sont complémentaires et réciproques. Le système orthosympathique assure la mobilisation générale de l'organisme pour faire face à une situation alarmante.

Le système parasympathique reconstruit les ressources énergétiques après chaque sollicitation.

Les émotions et leurs composantes physiologiques sont des réflexes en partie appris. Ce sont les expériences successives qui donnent progressivement à chaque émotion sa spécificité. Lorsque le cerveau décode des événements déclencheurs analogues à ceux enregistrés lors d'un épisode précédent (vue, odorat, toucher...), il sait retrouver les émotions déjà vécues en présence de ce *stimulus*. Il nous les remet en mémoire. C'est le chiffon rouge, la madeleine de Proust, le doudou...

Aujourd'hui, notre travail est une part importante de notre identité, voire de notre survie. Il est donc essentiel que nous comprenions mieux les émotions qu'il suscite et que nous les maîtrisions dans le temps. L'objectif est d'éviter cet épuisement émotionnel qui risque de nous prendre par surprise, l'âge aidant.

Nous porterons une attention particulière à toutes les composantes de la peur dont la caractéristique est d'être très vite « câblées » dans le cerveau. Elles deviennent ainsi totalement indépendantes de notre pensée consciente. Tel le lièvre qui détale en apercevant le renard, même le premier de sa vie, **on a peur avant, on comprend après.** Le signal qui déclenche la peur n'est pas conscient. Il n'est parfois qu'une composante partielle du premier apprentissage : une odeur, une couleur, un bruit. Le cortex, qui constate le déclenchement des mécanismes physiologiques de la peur, est donc contraint à construire *a posteriori* une cause de cette peur. Elle peut être très différente de la cause réelle. Le cerveau peut ainsi induire des solutions parfaitement inadaptées, et nous jeter dans la gueule du loup.

> *Une femme qui, une dizaine d'années auparavant, a vécu avec un homme violent, ressent une peur intense alors qu'un homme a seulement levé la main, au sein d'un club sportif. Elle attrape son sac, saute dans sa voiture et ne remet plus les pieds dans ce club. Ce n'est qu'un temps plus tard qu'elle comprend que ce geste a évoqué la violence de son conjoint.*

Vivre vieux, en bonne santé, au travail, et conserver un esprit indemne de parasitages divers, impose un recadrage des situations douloureuses mémorisées. C'est en identifiant les réactions inappropriées au présent que l'on peut apprendre à s'en protéger. Cet ouvrage éclaire la réalité de cette souffrance au quotidien. Il en explore chaque niveau : inconscient, conscient, professionnel, privé, institutionnel, symbolique, voire spirituel. Il propose une analyse de la demande et du vrai besoin. Il introduit de nouveaux comportements possibles. Forts de ces nouveaux éléments, nous tenterons de rééduquer notre système de défense instinctif, celui que les Anglo-Saxons dénomment *fight or flight* (combattre

> La peur sert-elle à quelque chose ? Et, si vivre dans l'angoisse de la menace n'est d'aucune rentabilité pratique, peut-on faire en sorte, au moins, de s'y soustraire ? de la domestiquer ? de l'éradiquer ?[...] Ce qui semble important face à la peur, c'est de ne pas en devenir les sujets passifs.
>
> **Monique Jeudy-Ballini et Claudie Voisenat, « Ethnographier la peur », Terrain, Numéro 43 - Peurs et menaces (septembre 2004).**

ou fuir), pour reprendre un tant soit peu les rênes de nos peurs et de nos angoisses.

Dans cette optique, **l'effet pirouette**, fruit du recadrage, est particulièrement intéressant. Car il ne s'agit plus de « faire des efforts », de « prendre sur soi », de « faire un travail de développement personnel », solutions chères aux conseillers RH. Cette discipline de l'être transfère la responsabilité et la culpabilité sur le salarié. Avec **l'effet pirouette**, c'est une nouvelle réalité qui s'impose. C'est un nouveau regard sur le monde qui permet d'économiser l'énergie, de réinitialiser la motivation, et des émotions positives. Mieux encore, il dispense des étapes du deuil.

L'école du rire : selon les scientifiques, notre cortex semble donner du sens à l'émotion en décodant les signaux physiques qui caractérisent nos réactions primaires. Comme les acteurs, nous serions à même de ressentir les émotions en les simulant. C'est le principe de l'école du rire. Apprenons donc à jouer le bonheur, le plaisir, le rire, et leurs effets bénéfiques nous seront rendus. Hélas, dans la plupart des entreprises, la joie et le rire sont bannis. Sérieux et rire sont devenus incompatibles, privant entreprises et salariés d'un moteur puissant et gratuit de bien-être.

Ressource 1 : Les Émotions et le cerveau

Notre cerveau est multiple. Cela est désormais établi. Vraisemblablement, les différentes émotions que nous ressentons sont prises en charge par des circuits spécifiques à chacune. Par ailleurs, l'évolution de l'espèce a permis le développement et la survie de ceux dont le cerveau savait le mieux s'adapter.

On tient désormais pour acquis que les systèmes émotionnels de base sont identiques chez les espèces animales. Ainsi, l'homme a toujours la capacité à « avoir les cheveux qui se dressent sur la tête » comme un chat qui hérisse son poil face au prédateur potentiel, ou « avoir la chair de poule » en face du danger. Ce qui diffère, c'est la conscience que nous en avons, et encore plus notre capacité à exprimer ce que nous ressentons dans un contexte émotionnel donné.

Les mécanismes de la peur

Si un poisson fuit le danger en nageant vigoureusement, un zèbre se mettra à courir aussi vite que possible. Dans les deux cas, c'est la même partie du cerveau, l'amygdale, qui a déclenché l'alarme et stimulé la réponse. Le cerveau n'a pas besoin de solliciter un effort d'analyse du cortex pour agir ainsi. Ces mécanismes de peur sont très rapides. Ils sont en majeure partie intégrés dans la région du cerveau appelée amygdale. Cette partie du cerveau reçoit par câblage direct les stimuli visuels ou auditifs qui caractérisent le danger.

Grâce aux signaux venant des aires sensorielles thalamiques, les fonctions de l'amygdale peuvent être déclenchées très rapidement par de faibles stimuli.

Les signaux issus du cortex permettent un traitement plus complexe, lié à la formation et la récupération de souvenirs explicites.

Ces mécanismes de la peur peuvent être déclenchés par un stimulus naturel (le rat s'immobilise quand il voit un chat, même s'il n'en a jamais vu auparavant) ou appris (il s'immobilise en entendant un son si, à plusieurs reprises, ce son a précédé un choc physique).

Le système nerveux autonome réagit par la suppression de la douleur, l'immobilisation, l'augmentation de la pression sanguine, la libération des hormones de stress et la potentialisation des réflexes.

Notre cerveau dispose ainsi de deux mécanismes distincts de déclenchement de l'émotion et des réactions : une voie « câblée » dite route courte, fruit des expériences précédentes ou innées (on court avant d'avoir compris) et une voie d'analyse qui passe par le cortex, dite route longue (on a peur ensuite).

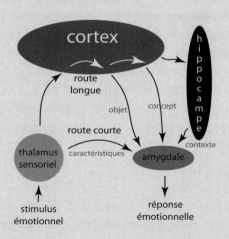

Les voies hautes et voies basses vers l'amygdale

Nos cerveaux sont donc préprogrammés pour détecter les dangers et répondre par les comportements qui ont été les plus efficaces dans les conditions où ils ont été programmés. Ces réponses ont lieu avant que le cerveau humain ne se mette à réfléchir. Dans le cas des humains, les fonctions cognitives permettent de passer de la réaction à l'action choisie. C'est un avantage considérable pour notre espèce.

Les dangers que nous affrontons aujourd'hui sont différents, mais ils s'appuient toujours sur les mêmes mécanismes. Aujourd'hui, il est vraisemblable que nos émotions sont le plus souvent canalisées par les analyses du cortex. Nos mécanismes de survie instinctifs – souvent génétiquement codés – sont insuffisants pour gérer nos peurs actuelles. Il ne faut pas sous-estimer pour autant la force du codage de l'instinct de survie et son impact sur nos modes de réaction.

L'apprentissage de la peur

Les situations d'apprentissage traumatique peuvent nous influencer tout le reste de notre vie. Une fois qu'un stimulus est établi comme déclencheur de la peur, il déclenche à chaque fois la même émotion. Le conditionnement de la peur est non seulement rapide, mais très durable. Il n'est pas effacé avec le temps.

Cet apprentissage de la peur se fait très rapidement. Il peut être établi lors d'un seul épisode. Car la peur et les mécanismes physiologiques qu'elle induit sont destinés à assurer la survie. Dans la nature, un animal doit apprendre à fuir dès la première rencontre avec le prédateur : c'est la loi de la sélection naturelle.

Au cours de sa vie, un adulte accumule nombre d'apprentissages de situations de peur. Il peut en prendre conscience afin de modifier sa réaction première. Mais l'évitement reste la réponse la plus courante à toute nouvelle stimulation.

Les mécanismes du plaisir

L'instinct de survie est également soutenu par la capacité de notre cerveau à fabriquer des opioïdes, ces sources de plaisir endogène qui récompensent les comportements adaptés à la survie de l'espèce, comme se nourrir, boire, pratiquer l'acte sexuel...

Un mécanisme de renforcement cérébral motive l'individu à reproduire les comportements qui induisent ces plaisirs. Les addictions comme la drogue l'alcool... relèvent de ce mécanisme d'autostimulation.

Bien que les zones cérébrales et les mécanismes chimiques déclencheurs du plaisir soient différenciés en fonction des origines du plaisir, les expériences sur des rats montrent qu'un plaisir peut en remplacer un autre (autostimulation contre nourriture), voire qu'un plaisir peut compenser un déplaisir (traverser une grille électrifiée pour atteindre un levier d'autostimulation).

Peur et plaisir sont les outils primitifs d'adaptation de l'homme

« Quoique l'émotion apparaisse à première vue comme une profonde désorganisation du comportement, empêchant le sujet de s'adapter aux exigences de la situation présente, elle constitue en réalité – et c'est là le rôle biologique positif de l'émotion – un moyen d'adaptation primitif, assez peu spécifique, mais parfois très efficace »[3].

---

3. cf. bibliogr., [10]

Reprenez plaisir au travail

2

*Je prends la vie
Comme elle va
Comme elle vient
Sans trop penser
À c'qui viendra demain
Je prends la vie
Comme elle va
Comme elle vient
Jour après jour
Sans me lasser de rien.*

Clémence

Les jeunes professionnels semblent heureux. Délaissant les actions syndicales et les manifestations de solidarité contre l'employeur ou la société, ils multiplient les actions collectives ludiques où ils partagent des moments de plaisir, de détente. Ils ont appris à créer le bonheur de l'instant, à se donner du plaisir. C'est une vraie richesse individuelle et collective. À l'évidence, ils ont renoncé à chercher compulsivement des solutions. Ils sont prêts, à chaque instant, *à faire autre chose autrement.*

Les plus anciens ont déjà subi les assauts de la vie et sont entraînés à résister. Ont-ils encore envie de rire ? Ont-ils conservé le sens de la fête et du bonheur ? À leur décharge, ils portent aussi la charge des enfants, du conjoint, des parents...

Pourtant, le métier, qu'il soit celui de la création manuelle des artisans ou celui, plus intellectuel, de la recherche et de la découverte du savant, reste une source puissante de satisfactions et de plaisirs qui compense les efforts de toutes natures nécessaires pour aboutir.

Dans nos entreprises, la concurrence, la pression des coûts, la rationalisation des processus de travail ont progressivement supprimé les temps festifs de l'univers du travail, et le goût du métier. Cette convivialité motivait les moins toniques. C'était un des derniers remparts du plaisir de travailler.

Les festivités collectives, Mondial de football, Tour de France cycliste, Championnat du monde de F1 ou autres, offrent un antidote puissant à la morosité ambiante. Mais la compétitivité de nos entreprises et de nos nations occidentales impose que nous retrouvions aussi le plaisir de travailler.

Ressource 2 : Les besoins humains

Une vision traditionnelle de nos besoins : la pyramide de Maslow

L'homme n'est pas seulement mû par la nécessité et l'utilité. Reprenons la désormais classique pyramide de Maslow ! Elle classe les niveaux de satisfaction de l'homme moderne. Cette représentation permet de comprendre la hiérarchie des besoins de l'homme. Selon Abraham Maslow, la satisfaction d'un besoin ne peut être réalisée que si les besoins de niveau inférieur sont eux-mêmes satisfaits.

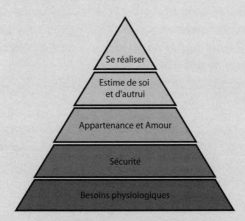

Pyramide de Maslow

Ainsi, un individu ne peut se sentir en sécurité (niveau 2) si sa première préoccupation est de trouver à boire et à manger (niveau 1). Dans l'entreprise, l'implication d'un collaborateur (niveau 5) peut être dégradée si celui-ci ne se sent pas intégré dans son équipe de travail (niveau 3) – ou s'il n'a pas bien dormi (niveau 1) !

Paradoxalement, on se souvient généralement plus longtemps d'un compliment sur son travail (niveau 4) que d'une augmentation de salaire ou d'un changement de menu à la cantine (niveau 1).

La pyramide désintégrée

Les plus jeunes semblent investir tranquillement le niveau 3 en renforçant les mécanismes d'appartenance, sources de sécurité (niveau 2) et de ressources matérielles (niveau 1). C'est dans cette communauté restreinte qu'ils intègrent le niveau 4, voire le niveau 5, dans une sorte de fonctionnement de tribu.

Par ailleurs, des études comme celles menées sur les compulsions vis-à-vis de la nourriture démontrent que les besoins peuvent être transférés d'un niveau à l'autre, alors même que la satiété est atteinte : on peut manger (niveau 1) parce qu'on n'est pas reconnu (niveau 4), ou pas aimé (niveau 3).

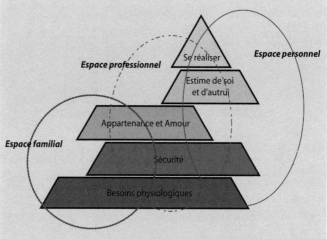

Pyramide de Maslow désintégrée

L'entreprise comme mère nourricière

Pendant les Trente Glorieuses, les salariés ont intégré l'idée que l'ensemble de leurs besoins allait être satisfait par l'entreprise. Les directeurs de ressources humaines étaient formés à cet apprentissage collectif. Les salariés devaient seulement donner « le meilleur d'eux-mêmes » comme disent les candidats aux marathons médiatiques. En réalité, cet héritage paternaliste a pratiquement disparu, même s'il en reste encore des exemples célèbres (Michelin).

Pourtant, aujourd'hui encore, malgré ses nombreuses infidélités, certains salariés continuent à vouer un amour aveugle à leur entreprise. Ils en attendent la satisfaction de leurs cinq niveaux de besoins. Cette relation rassure les salariés autant que les managers.

La rupture

Il est urgent que chaque salarié fasse le tri entre mirage et réalité, à tous les niveaux de la hiérarchie. À chacun d'identifier la part de lui-même qu'il va confier à l'entreprise, et les besoins qu'il prendra en charge par d'autres voies.

Bien évidemment, si vous êtes le patron d'une des sociétés du CAC 40 qui ont distribué au total 3 000 milliards d'euros de plus-value de stock-options en trois ans, vos besoins devraient être satisfaits. Pour les autres, et ils sont nombreux, un peu de méthode s'impose.

Chacun de nous devra examiner avec autant d'objectivité que possible les différents besoins que son travail lui permet de combler et les autres, ceux qu'il ne comblera jamais. Ce réalisme permettra d'éviter les crises majeures par accumulation de frustrations. Reste à élaborer au plus tôt des stratégies de remplacement pour combler les vides.

Aujourd'hui encore, nombre de salariés restent fascinés par le pouvoir – souvent fantasmé – de leurs supérieurs. Ils s'investissent dans leur sillage en oubliant leurs autres besoins fondamentaux. C'est bien évidemment l'intérêt de l'entreprise. Mais est-ce le leur ? Ils suivent en cela encore une fois **la courbe du chien**, en se dirigeant à chaque instant vers la *baballe*, persuadés que tous leurs besoins seront satisfaits s'ils répondent à chaque instant à toute sollicitation.

> Dans les années 80, alors que le préposé à la photocopie existait encore, j'avais entamé un étrange dialogue avec l'homme d'une trentaine d'années qui était chargé de cette tâche. Étonnée par la subtilité de son vocabulaire, je l'interroge sur son parcours. Il poursuivait un doctorat de philosophie. Ce travail purement alimentaire lui laissait tout son temps et sa tête pour réfléchir. Les choix de cet homme m'interrogent encore aujourd'hui. Il a fait des émules.

Le temps de construction de la satisfaction des besoins de l'adulte passe très vite. Nombre de jeunes entrent dans la vie professionnelle vers vingt-cinq ans. La pyramide de satisfaction de leurs besoins sera définitivement structurée avant cinquante ans, voire avant quarante. Il est donc important de savoir dès le départ comment se fera la construction, pour placer son capital énergie sur les bonnes cases.

Revenons aux besoins énoncés par la pyramide de Maslow. Ils n'ont vraisemblablement pas beaucoup évolué. Mais la perception que nous avons de ces besoins, l'image que nous en donne la publicité, créatrice de besoins artificiels, et la consécration médiatique de stars de papier, a considérablement biaisé notre conscience. Nos besoins se métamorphosent ainsi, de plus en plus, en compulsions de consommation. La possession d'objets est une preuve du statut social. Dans le même mouvement, le niveau de rémunération tente de se substituer quantitativement aux critères traditionnels de satisfaction, comme celui de faire œuvre utile, d'être reconnu pour ses savoir-faire, d'être irremplaçable au sein du groupe social ou de faire référence en tant qu'être humain. La conscience profonde que nous en avons a-t-elle changé pour autant ?

Dans certaines grandes entreprises, les cadres supérieurs des unités régionales sont de plus en plus souvent des « célibataires géographiques ». Ce joli nom plein de promesses signifie qu'ils travaillent loin de leur famille. Ils la rejoignent le week-end. Les charges de double résidence et de voyages sont prises en charge par l'entreprise. Pour celle-ci, ils sont particulièrement rentables, car, faute de vie de famille, ils travaillent tard et ne sont pas perturbés par des réalités familiales. De plus, en cas de conflit social, ils ne sont pas inquiets d'éventuelles représailles contre leur famille, leurs enfants à l'école, ou leur voiture dans la rue. Les dégâts collatéraux sur la famille se mesurent à court ou moyen terme : nombre d'entre eux se retrouveront sans famille lorsque la retraite va sonner. Hélas, ce niveau d'identité n'est pas pris en charge par l'employeur. La compensation par la réussite professionnelle et le niveau de rémunération trouve là ses limites.

Détournement de Taylor

Délaissant la qualité du travail, le respect des règles de l'art, l'évaluation du travail devient purement quantitative, statistique, comptable. Ces évaluations en termes de débit, adaptées à la chaîne taylorienne, sont désormais appliquées à l'ensemble des activités, même celles où la compréhension globale est nécessaire à la réalisation de chaque activité partielle.

> *Dans un service de conception d'industrie lourde, les ingénieurs seront évalués, et rémunérés, au nombre de notes écrites. Note d'étude complexe en termes de méthode et de calcul ou note de service, tout comptera pour une note. En quelques jours, tout devint sujet de note. Seules les demandes de billet de train y ont échappé : hélas, elles sont saisies sur formulaire interactif.*

Dans ce carcan, les directions ne prennent en compte que les dimensions de l'activité qui s'expriment en termes de valeur ajoutée. Dès lors, la course aux délais tend à écraser les temps de préparation, d'anticipation, de discussions voire d'études nécessaires à la qualité du travail.

Les dirigeants, dont les rotations s'accélèrent, ignorent souvent les réalités concrètes de la production et du métier de l'entreprise. Ils sont focalisés sur le bilan, les comptes de résultats et les ratios financiers. Les plans stratégiques se bousculent, et il n'est pas rare de faire une chose et son contraire à une semaine d'intervalle. C'est le règne serein du *Stop and Go*.

Cette absence de reconnaissance du travail, de l'intelligence, des exigences éthiques, est perçue par le salarié comme du mépris. L'obligation de faire du mauvais travail est vécue sur le mode de l'indignité personnelle.

Elle fait le lit de nombreuses pathologies psychiques. Ce faisant, elle prive l'individu du plaisir propre au métier.

« Perdre sa vie à la gagner » ou…

De plus en plus de travailleurs, cols blancs ou cols bleus, sont désormais convaincus qu'ils vont devoir « perdre leur vie à la gagner. », c'est-à-dire se contenter des deux premiers niveaux de la pyramide. Pourtant, globalement, le temps de travail a diminué. Un paysan, un maréchal-ferrant, un boulanger, un pêcheur, s'activaient quasiment à plein temps à leur tâche. Mais ce travail était leur vie, on dirait aujourd'hui leur vocation, souvent hérité et imposé par les savoir-faire transmis par le père. Il avait un sens et définissait un rôle social. Il répondait aux besoins humains.

Une cassure profonde, inquiétante, mais encore récente, se dessine entre ceux qui font, qui produisent, qui réalisent, responsables de la technique et des savoir-faire, et ceux qui décident en fonction des seuls critères financiers ou politiques. Les besoins des uns (profit immédiat, réactions rapides, accumulation des richesses) vont à l'inverse des besoins des autres (satisfaction du travail bien fait, sécurité de l'emploi, protection de la famille, préservation de la santé). Cette cassure a déjà suscité des catastrophes financières. Elle porte aussi le germe de catastrophes industrielles, agronomiques, environnementales et humaines.

Le syndrome de Tokaimura[4]

Les ouvriers et ingénieurs connaissent les failles des produits et les impasses qui leur ont été imposées par les financiers. Parfois, ils peuvent avoir conscience de mettre les autres en danger. L'industrie de l'armement emploie des salariés qui fabriquent des armes ou des bombes antipersonnel. Cet exemple est caricatural, mais nombre d'entre nous contribue à mettre les autres en danger par son activité professionnelle, un peu… ou beaucoup. C'est ainsi que peu à peu, l'activité industrielle est passée d'une activité porteuse de libération, de qualité de vie, à une source de dangers individuels et collectifs.

Certains font l'économie de la conscience, d'autres pas. Leur responsabilité/culpabilité fait partie du fardeau professionnel à porter. Ceux-là risquent d'être définitivement privés des trois niveaux de réalisation supérieurs.

D'autres compensent en investissant leur énergie dans un engagement social (club de sport, conseil municipal, association caritative…)

Ne sous-estimez pas la souffrance due à l'absence de cohérence entre vos activités

---

4. Usine japonaise de retraitement de matériaux radioactifs. Une explosion de criticité avait produit une grave contamination radioactive de la région. Le PDG s'est publiquement excusé pour avoir enfreint les règles de sécurité pendant cinq ans. Les ouvriers auraient reçu la consigne de charger des quantités plus importantes de poussières d'uranium, afin de rendre le retraitement plus rentable, au mépris de la masse critique d'uranium, limite au-delà de laquelle l'explosion est inévitable.

professionnelles et vos exigences morales, même si aucune responsabilité personnelle ne peut vous être imputée. Il y a toujours un temps où l'on a le choix de rester ou de partir.

Distinguez le plaisir et le besoin

Aujourd'hui, le plaisir qui nous est montré en référence est le plaisir de loisirs, d'une activité non obligatoire, non rémunérée, souvent onéreuse, qui fournit une forme d'euphorie, d'oubli des difficultés, de dépassement de soi, de fierté, voire d'identité ou d'appartenance à un groupe supérieur : celui qui pratique, celui qui maîtrise le surf, le funboard, le rap…

Pour les jeunes hommes, les meilleurs scores sont atteints dans les activités qui déclenchent de violentes poussées d'adrénaline, du fait de la peur intense qu'elles suscitent. C'est le cas du saut à l'élastique et des sports de l'extrême.

Transformez vos plaisirs en métier !

Le développement des loisirs permet de transformer le plaisir en métier. C'est lui qui satisfait alors l'ensemble des besoins. C'est une rupture tranquille, mais fondatrice, entre ceux qui font ce qui leur plaît et les autres.

> Soyez savants ! Soyez prophètes ! Un autre ordre du monde ne peut venir que d'une sagesse où la science, ou plutôt ce qu'elle révèle, trouve sa véritable place. Rien n'est plus important que de donner aux jeunes l'éducation dont ils ont besoin, qui fera d'eux des hommes et des femmes libres, capables de comprendre l'univers qui les entoure et sa signification. Qu'ils aient des savants le vrai savoir et des prophètes la lucidité et l'action éclairée !
>
> **Georges Charpak.**

Administrez-vous le plaisir

Désormais, le plaisir, normalement lié à la satisfaction d'un besoin, s'autoadministre.

Le hamster appuie frénétiquement sur le déclencheur de l'électrode placée dans une partie de son cerveau (hypothalamus latéral) pour stimuler sa zone de plaisir.

Comme lui, l'adepte de certaines pratiques sportives ou autres, susceptibles de déclencher une sensation de plaisir, va en rechercher la répétition.

Cette solution permet de déconnecter le plaisir du besoin. Grâce à cette dichotomie qui ne dépend que de soi, elle permet à chacun de conserver la maîtrise de son équilibre psychique malgré les évolutions de l'environnement du travail.

Désintégrez la pyramide de Maslow !

Considérons chaque besoin séparément et respectons-le. Puisque les satisfactions de niveau 5 sont plus durables que celles de niveau 1, cherchons-les. C'est le privilège des savants et des artistes. Si vous ne les trouvez pas au travail, trouvez-les ailleurs ! Le XXIe siècle sera la fin du salarié intégré comme le XXe siècle a vu la fin de l'entreprise intégrée !

Respectez la culture d'entreprise   3

Tous les codes comportent des zones secrètes dont le rôle est fondamental...

Gilles Deleuze

Cinq chaises sur l'estrade. Dans ce colloque, de jeunes entrepreneurs et des responsables RH de grands groupes sont invités à confier leur perception de l'entreprise. Au fil des échanges, le ton diffère, les attitudes s'affirment, les corps se positionnent, les têtes s'inclinent ou s'imposent... Les mots sont lâchés : « Nous sommes des guerriers », disent les entrepreneurs, nécessairement internationaux. « Nous nous battons chaque jour, sur tous les fronts... Nous nous considérons comme en guerre ». Côté RH, tête penchée, ton de consensus, « Il convient de », « On considère en général... ». Il a suffi de quelques minutes...

Culture : *ensemble de convictions partagées, de manières de voir et de faire qui orientent plus ou moins consciemment le comportement d'un individu, d'un groupe.* (Dictionnaire Larousse)

Culture d'entreprise : *ensemble de traditions de structure et de savoir-faire qui assurent un code de* *comportement implicite et la cohésion à l'intérieur d'une entreprise.* Dictionnaire Larousse).

Cette orientation « plus ou moins consciente » du comportement des individus est le rêve de tout dirigeant d'entreprise. Elle est source d'économie autant que de cohérence. Cette culture a fait couler beaucoup d'encre depuis trente ans. Responsables des ressources humaines d'un côté, nouveaux embauchés de l'autre, la formation n'a épargné personne. Match nul !

La culture d'entreprise fait abstraction des objectifs concrets. Elle distribue généreusement du rêve et de l'identité sociale positive à tous ses salariés, à ses clients, à ses actionnaires et aux acteurs de la bourse…

Les règles du jeu : L'ensemble des consultants européens ou anglo-saxons s'accordent sur les principales caractéristiques de la culture d'entreprise, même si les outils correspondants ne fonctionnent pas de la même façon des deux côtés de l'Atlantique.

On retrouve donc les principaux ingrédients d'une bonne « culture d'entreprise » :

– les héros ;
– les rites et les rituels ;
– les symboles ;
– les mythes ;
– les valeurs.

Les héros : ce sont les hommes auxquels salariés et managers se réfèrent, ceux qui ont porté les réussites collectives, grâce à leurs comportements, leurs savoir-faire, leurs méthodes, mais surtout grâce aux idéaux qui les animaient.

Érigés en modèles, ils sont supposés guider et modeler inconsciemment les comportements, les décisions…

Les rites : il s'agit autant de la cérémonie des vœux, que de la présentation des résultats financiers, des remises de médaille, des départs à la retraite, des sorties collectives, des séminaires ou des formations. Mais cela peut être aussi le déroulement des réunions de direction ou de toute rencontre formelle. Leur caractéristique est d'être régulièrement programmés. Comme les rituels de mariage ou de fécondité, ils ont toujours un objectif concret. Ils sont caractérisés par une succession d'actes, de formules, qui incarnent les représentations communes. Ils agissent comme autant de rappels des éléments et croyances qui relient les acteurs et s'imposent à eux comme autant de vérités partagées.

Les symboles : il s'agit autant du logo que des tenues vestimentaires, du mobilier, de l'agencement des bureaux, des récompenses ou des insignes. Tout ce qui est matériel, se conserve ou s'affiche. Comme jadis le nombre de rubans sur les jupes des dames de Basse-Bretagne, ils attestent d'une position sociale.

Les mythes : c'est une simplification de la réalité, une représentation schématique trompeuse, non objective, qui donne du sens à la vie collective. Ainsi, le mythe du service public, compris comme une égalité de droit à la ressource au tarif minimum, est la motivation éthique de nombre de salariés des services publics français. La réalité en est déjà loin. Les mythes qui ont du succès ne sont jamais purement cyniques ou manipulateurs…

Les valeurs : « *Ce qui est posé comme beau, vrai ou bien selon les critères personnels ou sociaux et qui sert de référence, de principe moral.* » Mais aussi, « *prix selon lequel un objet peut être échangé, vendu* ». (Dictionnaire Larousse). L'ambiguïté de l'association entre la morale et l'entreprise, juridiquement considérée comme « *personne morale* », apparaît à chacun. Quand l'intérêt des actionnaires et le profit sont la raison d'être de l'entreprise, la notion de valeur prend des connotations pas toujours morales. Pour les identifier, notez les mots utilisés, les mots fétiches.

> La LQR (Lingua Quintae Republicae) [...] est une arme postmoderne, bien adaptée aux conditions « démocratiques » où il ne s'agit plus de l'emporter dans la guerre civile mais d'escamoter le conflit, de le rendre visible et inaudible. Et comme un prestidigitateur qui conclurait son numéro en disparaissant dans son propre chapeau, la LQR réussit à se répandre sans que personne ou presque ne semble en remarquer les progrès – sans parler même de les dénoncer.
>
> **LQR** *Réf.[5]* - Eric Hazan - Ed. Raisons d'agir.

Maintenant que le lexique est établi, comme une belle caisse à outils symbolique, regardez fonctionner votre entreprise et décodez. De qui parle-t-on dans votre entreprise ? Qui est valorisé dans les journaux internes ? Quels sont les héros ? En contrepoint, quelle valeur marchande ou quel prix l'entreprise est-elle prête à payer au quotidien pour l'application de ces « valeurs morales » qu'elle affiche ?

Prenez au besoin des exemples très concrets, très quotidiens. N'oubliez pas que les mots peuvent souvent remplacer la réalité. Les plus habiles font exister, par le vocabulaire, les valeurs menacées dans la réalité. Ainsi, le discours sur la qualité a pris le relais des savoir-faire et du professionnalisme, trop onéreux. L'attention à l'environnement naît au moment où celui-ci est menacé. La responsabilité sociale des entreprises apparaît lorsque le CDI s'éloigne du marché de l'emploi. Au même moment, le discours sur la gouvernance vient au secours des entreprises secouées par les scandales financiers et les salaires pas toujours mérités des PDG.

Il n'y a plus guère d'entreprise totalement vertueuse. Les entreprises sont le fruit de compromis, pas toujours éthiques, voire quasiment frauduleux. Il y a toujours une personne ou une autre entité qui pâtit de ces décisions, quelque part dans le monde. Mais nous ne pouvons pas porter toute la misère du monde, même les puristes, les passionnés et les perfectionnistes de tous bords. En avoir conscience et connaître la frontière, c'est déjà un grand pas. Il y a peut-être un jour où il faudra dire : « C'est trop, je pars », et invoquer la clause de conscience.

En attendant, vous êtes nourri par cette entreprise, vous avez vos valeurs d'être humain, elle a ses valeurs d'entreprise. Vous allez devoir prendre la distance avec ce discours, assumer votre part de responsabilité, et elle seule.

Lorsque le discours s'éloigne de la réalité, le salarié nage en pleine « *dissonance cognitive* », chère à Léon Festinger (1957). Chaque mot évoque des sens, inculqués dès l'enfance, câblés dans le cerveau. Parfois, la réalité ne correspond plus à cette interprétation. Nous serions alors prêts à nier la réalité, ou à changer nos valeurs, pour préserver notre cohérence. Mais, plutôt que de nier cette réalité qui dérange, nous pouvons choisir d'y faire face, et de rendre à l'entreprise sa part de responsabilité. Rien ne nous contraint à participer au déni, confortable pour notre survie mentale et psychique, pour notre propre cohérence et pour celle du collectif.

Reste à vivre avec votre part de culpabilité. Celle de votre contribution à des actes dont vous n'êtes pas prêt à partager les conséquences. N'oubliez pas que la réalité globale n'est peut-être pas aussi noire que la petite partie perçue de votre poste de travail. Peut-être toutes ces actions prennent-elles leur sens et leur valeur éthique au niveau global ? C'est en partie vrai. Il faut aussi savoir pardonner les incartades mineures quand la démarche globale est positive.

Vérités d'hier, mensonges d'aujourd'hui

Les valeurs d'entreprises ne fonctionnent que si elles s'établissent dans le temps, de même que les héros et les mythes. À ce titre, les vérités d'hier sont déjà périmées. Les DRH eux-mêmes sont bien en peine de définir ce qui fait le socle de l'entreprise. Le code de conduite se résume trop souvent à une batterie d'indicateurs auxquels il ne faut déroger sous aucun prétexte, humain ou éthique, sans avoir à justifier économiquement ses choix. L'année prochaine, un autre vent aura soufflé, et d'autres pratiques effaceront les précédentes. En attendant, le virage sera assumé par la mise en œuvre du énième plan d'action, épinglé sur le mur à l'emplacement du précédent.

> Pour la chenille, la transformation en papillon est toujours un drame.
>
> **Vincent Lenhardt.**

Respectez la culture d'entreprise

C'est dans ce cadre mouvant que les services de la technostructure (qui regroupent les services d'appui, la logistique, les achats, le management, les services RH...) sont contraints à nager en permanence dans un discours paradoxal, dont le propre semble être de pouvoir à tout moment dire une chose et son contraire. Tout un art.

Quant aux opérationnels, ils sont parfois amenés à scier la branche sur laquelle ils sont assis, par exemple lorsque la direction leur impose un transfert de compétences vers un prestataire extérieur.

Le recul par rapport aux valeurs affichées n'autorise pas toutes les pratiques juridiquement condamnables. À cet égard, voir le chapitre sur les responsabilités, afin d'éviter de se mettre dans de mauvais pas.

Les scandales de l'entreprise d'énergie californienne Enron et de Worldcom ont ouvert aux États-Unis la chasse aux « patrons véreux ». Désormais responsables de leurs bilans au même titre que les commissaires aux comptes, les présidents et directeurs financiers risquent jusqu'à vingt ans de prison et plusieurs millions de dollars d'amendes par chef d'inculpation s'ils sont reconnus coupables de maquiller les chiffres. Le câblo-opérateur Adelphia et la société Tyco ont été les victimes suivantes de la croisade pour la vérité des comptes, qui s'est ensuite propagée dans le monde entier, tant l'exigence des employés et des petits porteurs menaçait la bourse tout entière. La chute du cabinet de conseils et d'expertise comptable Arthur Andersen, conseiller de nombre de ces compagnies, donna un dernier gage de moralisation salutaire au milieu boursier.

Les seniors ont été touchés de plein fouet par la vague de culture d'entreprise, importée des États-Unis et du monde anglo-saxon. Ils l'ont intégrée à des siècles de culture humaniste, de Socrate à Camus en passant par tous les autres. Cette sédimentation était « impliquante », car elle s'adossait aux messages parentaux, à l'éducation.

La culture prête à porter, prête à jeter

Pour les jeunes générations, qui n'ont souvent lu que La Fontaine, Harry Potter et les mangas, ces cultures d'entreprises sont comme le climat d'une fiction cinématographique. On y croit le temps qu'il faut. On y croit parce qu'on est payé pour. Ils changeront de valeurs comme de logo sur leur feuille de paye. Cependant, ils sauront parfaitement s'intégrer aux usages locaux, comme ils se sont intégrés aux bandes du collège, puis aux solidarités plus existentielles du lycée : parce qu'on ne peut survivre tout seul. Parce que, pour survivre, il faut adopter les codes du milieu. Ce faisant, ils resteront eux-mêmes, tels ces métaux qui gardent la mémoire des formes.

> Les conditionnements associés à une classe particulière de condition d'existence produisent des habitus, systèmes de dispositions durables et transposables, structures disposées pour fonctionner comme des structures structurantes, c'est à dire en tant que principes générateurs et organisateurs des pratiques et des représentations.
>
> **P. Bourdieu** *Réf.[12]*
> **Le sens Pratique 1980**

Soumettez-vous à l'autorité

4

La matrice doit toujours être une illusion persuasive.

Si les dormeurs – « Bluepills », nous les appelons ainsi – cessent de l'accepter,

ils pourraient se réveiller dans leurs cosses comme Néo, devenir fous, se noyer, ou mourir autrement.

Andy et Larry Wachowski, scénaristes de *Matrix*

La soumission à l'autorité est inscrite dans le droit du travail. L'entreprise n'est pas un lieu de libre expression et de libre choix. Mais l'exercice de cette autorité doit rester dans les limites de la loi de chacun des pays où l'entreprise exerce son activité.

Dès lors, comment avoir un comportement d'*Adulte* responsable vis-à-vis de soi-même, un comportement d'*Enfant* soumis dans l'entreprise avec ses supérieurs et un comportement de

> Au sein d'un groupe individualisé peut se former une hiérarchie de dominance, c'est à dire l'établissement de rapports dominant/dominé entre les membres. Dans une hiérarchie bien établie, chaque animal sait qui il domine et par qui il est dominé, il occupe une place précise préalablement établie. La hiérarchie de dominance au sein

> d'un groupe est la somme de toutes les relations d'inhibition entre paires d'individus. Le comportement d'un dominé en présence d'un dominant est différent de celui qu'il aurait en l'absence de celui-ci...

Parent normatif avec ses subordonnés ? Cette capacité à jouer tous les registres du moi ne va pas de soi pour tous les salariés.

L'entreprise, personne morale représentée par son directeur, détient donc le pouvoir sur ses salariés. Le contrat de travail le stipule.

Lorsque seules les relations de pouvoir et d'autorité ont droit de cité dans l'entreprise, les salariés ne peuvent plus donner de place aux éléments psychologiques. Chacun se replie sur le système de fonctionnement minimal du « faire » ou « exécuter ».

Faites autre chose, autrement.

Repliés sur le « faire », les salariés ne peuvent plus injecter de valeur ajoutée dans leur travail. Cette discipline, destinée à faciliter l'exécution des tâches, devient tôt ou tard source d'un blocage généralisé des processus de travail, condamnant l'entreprise au déclin. Car, plus les salariés s'emploieront à faire « un peu plus de la même chose » pour sauver leur emploi, plus le système se bloquera.

> Le dominé est moins libre, il respecte le dominant, l'évite ou s'en écarte. Le dominant exerce cet effet soit par simple présence, soit par menace soit par combat.
>
> « Comportement social du chien. »
>
> JM. Giffroy Docteur en Médecine vétérinaire- Séminaire Nantes 29-10-94

C'est l'heure d'adopter un comportement

inattendu, pour « faire autre chose, autrement ». Mais y aura-t-il encore un salarié, ou un dirigeant, capable de mettre cette logique en place lorsque les habitudes du consensus et de l'économie d'énergie qu'il permet seront ancrées ?

> Dans le règne animal, la soumission s'exprime à travers la communication olfactive, la voix et les vocalisations, le regard, les signaux visuels, les attitudes (port de tête, de queue, position des oreilles, poils, présentation de parties du corps), et l'ensemble des rituels...

Acceptez les lois du développement en espace restreint.

Si le XXe siècle a privilégié la croissance d'entreprises conquérantes en arborescence, le XXIe siècle leur impose un développement où la croissance de chacune se fait au détriment de l'autre, à chaque niveau hiérarchique. C'est ainsi que grandissent les huîtres sauvages qui se fixent en essaim sur un rocher. Malgré les contorsions et les formes torturées que cette contrainte impose, le rocher leur donne plus de chances de survie que la libre errance au gré des courants, au risque de s'échouer sur une plage.

Ressource 3 : Le contrat de travail

Le contrat de travail est un accord par lequel une personne s'engage en qualité de salarié, et moyennant une rémunération, à effectuer une prestation de travail pour le compte d'une autre personne, l'employeur, sous la subordination de laquelle elle se place.

Trois éléments sont nécessaires pour qualifier un contrat de travail :

– une prestation de travail

Tâche physique (conduire une machine), intellectuelle (concevoir un plan, une maquette) ou artistique (effectuer un dessin, déterminer un modèle) ;

– une rémunération

Versement d'une somme d'argent au salarié en contrepartie du travail effectué, la rémunération permet de distinguer le bénévolat du salariat ;

– un lien de subordination

Critère déterminant du contrat de travail, il permet de distinguer le salarié du travailleur indépendant (dans le cas d'un contrat d'entreprise, par exemple). Le lien de subordination justifie l'autorité de l'employeur vis-à-vis du salarié, qui doit se soumettre aux directives de l'employeur. Ce lien est difficile à définir et doit être apprécié par le juge suivant un faisceau d'indices.

Les obligations des parties

Pour l'employeur : *il doit proposer le travail prévu au contrat, ainsi que les moyens pour l'exécuter (exemples : outils de travail, vêtements spécifiques...) et verser la rémunération prévue en contrepartie du travail fourni.*

Le versement de la rémunération constitue l'obligation principale de l'employeur. Si l'employeur n'exécute pas son obligation, le salarié peut lui demander des dommages et intérêts. Si le salarié est amené à démissionner en raison de l'inexécution par l'employeur de ses obligations, cette rupture du contrat sera requalifiée en licenciement.

Pour le salarié : il doit exécuter son travail sous l'autorité de l'employeur. C'est l'obligation principale du salarié. Il doit, par ailleurs, respecter le secret professionnel. Il a une obligation de non-concurrence vis-à-vis de son employeur.

Il doit respecter les clauses particulières du contrat de travail et se soumettre au règlement intérieur. Il existe pour les deux parties une obligation générale de loyauté qui est souvent rappelée par la jurisprudence.

Les caractéristiques du contrat de travail

Comme tous les contrats, le contrat de travail a des caractéristiques propres. Il faut toutefois signaler que, dans la relation contractuelle, il y a un certain rapport de force qui déséquilibre le contrat. Par exemple, c'est l'employeur qui fixe souvent seul les termes du contrat, et notamment la rémunération.

Les différents termes du contrat de travail :

– **contrat synallagmatique :** les obligations sont réciproques ;

– **contrat à titre onéreux :** les deux parties tirent un avantage du contrat, l'employeur par la production qu'il retire du travail du salarié, et le salarié par la rémunération qui lui est versée ;

- **contrat consensuel :** le libre consentement suffit à former le contrat.

Toutefois, pour le contrat à durée déterminée, un contrat écrit est exigé ;

*– **contrat d'adhésion** : le salarié, compte tenu de la conjoncture, n'a pas vraiment le choix du contenu du contrat ;*

*– **contrat à exécution successive** : le contrat de travail se déroule sur une durée déterminée ou indéterminée ;*

*– **contrat conclu** intuitu personae **(en fonction de la personnalité)** : la personnalité du salarié est déterminante dans son embauche, l'évolution de son contrat ou même son licenciement. Cet élément doit toutefois être cadré par la loi et la jurisprudence.*

Le contrat de travail

Chaque partie, salariés comme dirigeants, essaie de tirer le meilleur parti du cadre légal pour satisfaire ses besoins. Soumise à des contraintes importantes, chacune va tester les limites à ne pas franchir. Ces limites sont constamment redéfinies par la loi et la jurisprudence. Elles n'empêchent pas la propagation fractale des zones de rupture.

Reprenons le schéma classique des états du moi (*cf. Ressource 4)*. De plus en plus, au sein de l'entreprise, le dialogue entre *Adultes* qui analysent les questions et cherchent ensemble des solutions s'affadit. Bousculés par l'urgence, par l'exigence du moindre coût, par les ordres paradoxaux dont seuls les initiés, au plus haut échelon de l'entreprise, comprennent le sens, les acteurs de l'entreprise sont prisonniers d'une relation *Parent* autoritaire/*Enfant* soumis. Selon la personnalité de ses dirigeants, cette relation pourra hésiter entre l'exigence du *Parent* normatif ou critique et l'accompagnement du *Parent* nourricier. Quant au salarié – à qui on impose le rôle de l'*Enfant* – il sera, selon les cas, adapté et soumis, rebelle ou *Enfant* libre par rapport à son entreprise, ses acteurs et l'environnement.

Dans les années 80-90, on avait imaginé que, dans toutes les relations hiérarchiques, la soumission de l'un et l'autorité de l'autre pouvaient être tempérées par la relation entre adultes qui examinent les faits, et trouvent des solutions innovantes ou traditionnelles dans l'intérêt de tous. Mais cela supposait de partager l'information, la stratégie, les manœuvres, les risques, les enjeux. Or, dans la plupart des entreprises, du moins celles qui côtoient la bourse, l'importance de l'image, des rumeurs, de la confiance, de la mise à distance des concurrents et de la maîtrise des médias impose un hermétisme total entre les couches hiérarchiques.

Chaque salarié, y compris le chef d'établissement, a une vision très courte des objectifs, et ne peut impulser que le sens qui lui est imposé. Rapidement, les mots sont en contradiction avec la réalité. Lorsque le message atteint la base, les médias se font déjà l'écho d'une stratégie opposée.

Le banc de poissons

Chacun doit donc être prêt à faire chaque jour le contraire de ce qu'on lui a demandé de faire la veille, de toute urgence et toutes affaires cessantes.

> *Un directeur commercial international revient d'un pays d'Afrique du Nord, où il a enlevé un très important contrat avec des marges significatives. Il revient dans son entreprise, heureux d'annoncer la bonne nouvelle, et s'attend à être félicité. Il est immédiatement appelé à la direction, qui lui intime l'ordre de faire échouer ce contrat à tout prix, en corrigeant les prix à la hausse. Il s'exécute, se décrédibilise auprès de ce client et s'attend à ne jamais retourner dans ce pays. Il y a pourtant reçu de nouvelles missions, sur des marchés analogues. Il ne connaît toujours pas la raison de ce changement de cap. Mais il a changé d'entreprise.*

De la gestion de la complexité à la soumission simple

Durant les vingt dernières années, les managers ont été formés à gérer des situations complexes et à avoir l'initiative de solutions.

Aujourd'hui, plus que jamais, c'est le rôle d'*Enfant* soumis qui est imposé au salarié. Quant à la direction de proximité, à peu près aussi dépourvue de données d'analyse, elle joue à son tour son rôle d'*Enfant* soumis à l'égard de l'étage supérieur. Ce mode de management est parfaitement efficace.

Il agit en fidèle courroie de transmission. Tout comme à l'armée, une initiative peut à tout instant s'avérer contraire à des principes ou stratégies secrètes. Ce faisant, ce mécanisme prive chaque niveau de toute capacité de réflexion, d'analyse et d'élaboration de solutions.

Dans un système de télétransmission ramenant au point central (Paris) l'ensemble des informations d'un réseau, un ingénieur constate une fausse alarme fréquente. Après analyse, il s'aperçoit qu'il s'agit simplement de la valeur de la temporisation de surveillance qui n'est pas adaptée. Il prend alors l'initiative de la corriger. Sa fausse alarme disparaît. Ce n'est que deux jours plus tard qu'il se fait rappeler à l'ordre. Son initiative avait déclenché les alarmes équivalentes de l'ensemble des autres systèmes du réseau, saturant le système de surveillance. Cet ingénieur ne connaissait que la partie qui lui était confiée.

Pour la régulation d'un tel système, la seule solution est l'obéissance, sans comprendre, ou la punition. L'entreprise n'a plus le temps d'expliquer, le verdict de la bourse est instantané. Ce baromètre réagit à la moindre alerte, y compris au niveau social.

La délégation des obligations de résultat, sans délégation de pouvoir

Vous sortez du bureau du directeur, muni de votre précieuse « lettre de mission » ou « feuille de route ».

Nouvel embauché ou vieux routard de l'entreprise, vous vous interrogez sur la distorsion considérable que vous percevez entre ce qui est demandé et les moyens alloués. À l'évidence, vous allez vider l'Atlantique avec une cuillère. Bien évidemment, vous avez négocié, souligné la fracture. Un imperturbable sourire, fortement agacé si vous avez insisté, vous a renvoyé à votre travail. À chacun le sien ! Si vous ne savez pas faire, ce n'est pas la main-d'œuvre qui manque dehors ! Vous savez dès lors que vous ne pouvez qu'échouer… Comment s'en sortir ?

La méthode « grand bleu »

La façon la plus simple de remonter à la surface, lorsqu'on coule dans une piscine, est de donner un coup de pied vigoureux sur le fond de la piscine. Cette méthode est plus efficace que d'essayer de s'agiter entre deux eaux jusqu'au manque d'air final. Mais pour ce faire, il faut avoir l'audace de se laisser couler au fond.

Cela est contraire aux mécanismes primaires de survie. Car il s'agit de faire volontairement ce que vous craignez le plus. Encore une fois, le cortex doit reprendre le contrôle et imposer sa raison contre l'instinct.

Dans nombre d'entreprises, l'eau de la piscine, ce sont les procédures mal ficelées, les non-dits, les lourdeurs administratives, le manque d'écoute et la volonté farouche du système de rester en homéostasie – équilibre des forces en présence le plus longtemps possible sans changement.

Un jour, ce sera l'accident ou l'indicateur qui atteint une cote inacceptable (celle des accidents du travail ou des réclamations clients), voire un événement mineur repris par la presse, qui mobilisera la direction et provoquera le changement attendu depuis des mois ou des années. Les opérationnels aguerris en déduisent qu'il faut attendre sans s'agiter que la situation atteigne le fond de la piscine, ce point où l'entreprise ne pourra faire autrement que de proposer des solutions, dans un perpétuel mouvement de balancier dont on pourrait, à l'évidence, faire l'économie.

Dans certains cas, c'est l'ultime solution que l'*Adulte* puisse espérer. Cela ne signifie pas qu'il faut mettre en œuvre les compétences de *l'Enfant rebelle*. Mais le risque est réel pour les entreprises – et les faits divers en témoignent – qu'un individu excédé puisse lui-même détruire matériellement ce qui le détruit moralement. Les entreprises, comme les sociétés, sont de plus en plus fragilisées par rapport à leurs propres salariés et leurs propres citoyens.

Ressource 4 : Les trois États du moi

Parent, Adulte et Enfant – *Éléments d'analyse transactionnelle (Concepts d'Éric Berne)*

*Les entreprises et les consultants en ressources humaines utilisent les concepts d'Éric Berne regroupés sous le thème d'analyse transactionnelle (A.T.), par rapport auxquels, chacun peut, à tout instant, identifier le type de relation qui se joue avec son entourage. C'est un outil d'analyse **a posteriori** des situations, mais avec un peu d'habitude et d'attention à la formulation des propositions ou injonctions, on peut également l'utiliser en temps réel.*

*Selon Éric Berne, une même personne peut réagir différemment en fonction de ce qu'elle a appris, des modèles qu'elle a reçus, de ses émotions, de ses envies et de son analyse de la situation. L'analyse transactionnelle a regroupé les systèmes d'attitudes de chacun en trois parties distinctes : le **Parent**, l'**Adulte**, l'**Enfant**.*

Chaque état du moi est un ensemble cohérent de pensées, de sentiments et de sensations liés aux différentes étapes de développement d'une personne ou d'un groupe, qui détermine un ensemble de comportements observables.

Parent *Dit « le petit professeur »*	*Domaine de l'appris*	
Adulte	*Domaine du pensé*	
Enfant	*Domaine du senti*	

Parent - Adulte - Enfant.

Le jeu de la barbichette

Les limites de l'équilibre psychologique des employés et la fragilité structurelle des entreprises devraient inciter les entreprises à la prudence. L'incroyable soumission des employés n'est que le fruit temporaire du sage adage latin : « *Panem et circenses* »[5] qui pourrait se traduire en nos temps modernes par « du pain et des *reality shows* ». Dans la réalité, sous la ligne de flottaison de l'iceberg, il y a ces employés qui, grâce à leurs stratégies de survie au quotidien, leur connaissance des moindres rouages, tiennent collectivement l'entreprise, ses réseaux, ses savoir-faire et ses clients en otage.

L'entreprise et les états du moi

Le temps de la création

Mais ils ne l'ont pas encore compris. De la création à la rentabilité totale, le glissement lent des identités mobilisées au service de l'entreprise est, la plupart du temps, à peine perceptible. En chemin, l'*Enfant créatif*, source de plaisir et de motivation, est écarté du jeu. C'était pourtant lui, la source discrète de l'équilibre entre la peur et le plaisir.

Le temps de la création mobilise les Adultes et les Enfants créatifs pour donner vie à une idée.

---

5. « *Du pain et des jeux.* ». cette règle des empereurs romains assurait la stabilité sociale.

LE RÔLE DES ÉTATS DU MOI

Le Parent :

– tirer bénéfice de l'expérience, la sienne et celle des autres ;
– fournir des points de repère, des solutions toutes prêtes adaptées aux situations où il faut agir rapidement, ou aux problèmes répétitifs.

L'Adulte :

– recevoir, rechercher et intégrer toutes les informations nécessaires, provenant de l'environnement ou des autres états de la personne elle-même (**Parent** ou **Enfant**) ;
– analyser, élucider, comprendre en vue d'élaborer les stratégies les plus adéquates pour son développement ;
– fournir les informations nécessaires sur les besoins physiques et psychologiques, au moment où ils se manifestent.

L'Enfant :

– enregistrer les sensations et les émotions ;
– éprouver les besoins et les désirs. Les exprimer sous forme de comportements, de pensées et d'émotions. Cette énergie permet de mobiliser l'**Adulte** et le **Parent**.

La grille des états du moi peut être appliquée aussi bien à une personne qu'à un groupe de personnes, voire à une institution ou à une entreprise.

Le Parent : *le règlement intérieur, les normes, les valeurs.*
L'Adulte : *les méthodes, les moyens, les objectifs, les résultats.*
L'Enfant : *la motivation, la créativité, le climat.*

Les relations entre individus mettent en œuvre les trois états du moi, ensemble ou séparément. Cette modélisation de nos états, de nos modes de fonctionnement, nous permet de clarifier ce qui se joue en chacun. Elle définit la « base de données » activée dans une relation, autant que l'interaction entre les bases des uns et les bases des autres. Il semble évident et naturel que chacun évolue avec les années vers un dialogue **adulte**.

Cette distribution des rôles renvoie à la notion d'entreprise « paternaliste » des Trente Glorieuses, où le patron assumait toutes les fonctions concrètes et symboliques du **Parent** *quand l'ouvrier était considéré comme un* **Enfant** *à protéger.*

Après une réelle tentative de responsabiliser les salariés, de leur attribuer un domaine d'autonomie, d'encourager la prise de décision en *Adultes*, force est de constater aujourd'hui une évolution considérable. Sans nul doute, le secret entourant les décisions stratégiques susceptibles de déclencher l'affolement boursier a restreint les espaces de décisions comme peau de chagrin. La plupart des cadres en sont réduits à avancer les yeux bandés, avec comme seul horizon un tableau d'objectifs vide de sens. Retour à l'état zéro de l'indépendance, au simple niveau opérationnel (*cf. Ressource [5]*). Les salariés ont ainsi la terrible sensation d'avoir fait tourner à l'envers la roue du développement personnel.

L'entreprise des années 90-2000

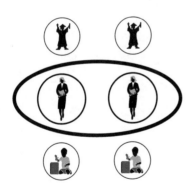

C'est l'entreprise gestionnaire, le terrain réservé des adultes, de la mesure, des faits, de la rationalisation. L'émotion n'a pas sa place dans l'entreprise. C'est le temps des tableaux de bord.

L'entreprise des années post-2000

C'est le temps de la gestion de la pénurie, celui où le produit « vache à lait » nourrit le chiffre d'affaires sans besoin d'innovation. Pour dégager plus de marge, les dirigeants opèrent toutes les coupes sombres possibles dans les budgets, à l'extrême limite de ce qui est légalement admissible. Les dirigeants très normatifs attendent des employés soumis.

Prenez en charge votre développement

Chacun peut cependant décider de tourner sa propre roue, et rechercher un autre développement, qu'il soit sportif, spirituel ou politique. Il peut s'intéresser à l'environnement ou aux actions collectives, de manière à avancer dans un autre espace de vie. Cette séparation des espaces de développement permet d'accepter la régression dans l'espace professionnel (*cf. Ressource 5 – Le cycle de la dépendance*).

RESSOURCE 5 : LE CYCLE DE LA DÉPENDANCE

*Ce sont les travaux de Nola-Katherine Symor sur le cycle de la dépendance qui ont structuré les quatre étapes de développement de l'individu : la **dépendance**, la **contre-dépendance**, l'**indépendance** et l'**interdépendance**. Ces quatre étapes se déroulent plusieurs fois au long de la vie, à chaque nouvelle intégration ou niveau de compréhension du monde. Nous pourrons retenir dans une première approche les étapes de l'Enfant pour devenir Adulte, puis celui du salarié pour devenir expert ou directeur, celui du pécheur pour devenir prêtre. Il y en a de moins vertueux... On le représente souvent sous la forme d'un cadran, dont chaque quartier est une frontière d'identité, de rôles, de position de vie, d'états du moi...*

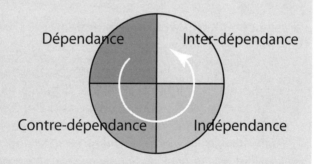

La dépendance est le degré zéro d'autonomie. Le salarié prend connaissance de son travail, de son environnement, des contraintes, et s'efforce de suivre les désirs et demandes des autres et de ses supérieurs. C'est une étape de soumission. C'est l'étape du **Yes man**. L'état du moi qui est sollicité est l'**Enfant** soumis.

Exemple : c'est le salarié qui, à chaque étape de son travail, demande un assentiment au supérieur, parce qu'il n'est pas prêt ou autorisé à assumer seul la décision de faire.

La contre-dépendance est le premier degré d'autonomie. Le salarié tente de trouver ses propres marques et de récupérer une part d'identité. Il dit « Non » Souvent le **No man** rend l'autre, les autres, responsables de ses erreurs ou de ses difficultés. Il n'est pas en mesure de corriger lui-même son environnement. Il se sent mauvais et pense que le reste de l'entreprise est inadapté. L'état du moi qui est sollicité est l'**Enfant** rebelle et l'**Adulte** qui cherche des solutions nouvelles.

Exemple : le salarié contre-dépendant souhaite reprendre les processus de travail pour créer un produit : « Ce n'est pas comme cela qu'il faut faire ». Son équipe inaugurera les nouvelles pratiques. Les résultats prouveront peut-être qu'il faut modifier toute l'organisation concernée. Après un temps de validation, les autres équipes devront s'adapter à ses méthodes, mais l'absence de concertation initiale suscitera des freins multiples.

L'indépendance est le second niveau d'autonomie. C'est une étape d'autonomie créatrice, de recherche de solutions. Le salarié propose au responsable des solutions, des organisations. Il accepte que le monde ne soit pas parfait, et assume sa part de l'imperfection. L'état du moi sollicité est essentiellement l'**Adulte** qui recherche des solutions, mais aussi le **Parent** protecteur vis-à-vis des nouveaux arrivants. Cette étape d'autonomie est parfois dangereuse pour l'entreprise, car le salarié peut perdre le cap collectif pour en forger un nouveau, adapté à ses ressources ou à sa connaissance du problème.

L'interdépendance est l'étape la plus intéressante. C'est une étape où le salarié peut assumer toutes les positions, selon les situations et les interlocuteurs, en toute connaissance de cause, sans se sentir mal à l'aise. Il accepte d'être dirigé, mais il peut aussi diriger. Il assume la part de responsabilité et d'autonomie qui lui incombe, et accepte l'autonomie des autres dans la leur. Il a confiance **a priori** dans leurs choix. Tous les états du moi sont sollicités dans cette étape. L'**Adulte** peut les assumer en toute liberté et sérénité, selon ses interlocuteurs et leur propre niveau de développement.

Exemple : le chef d'équipe peut dialoguer sur les difficultés, les analyser, utiliser les méthodes d'analyse qui lui ont été enseignées, tant avec ses homologues qu'avec son équipe. Mais il saura aussi « materner » les nouveaux, ou accompagner un temps ceux qui sont en difficulté. Il pourra également, lors des réunions de direction, faire siennes des décisions dont il ne comprend pas toujours les raisons, et les transmettre positivement à son équipe. Confiance ou stratégie ?

Le tour du cercle recommencera dans chacun des nouveaux univers professionnels découverts. Mais le fait d'avoir, à une étape de sa vie, parcouru le cercle, en particulier, dans l'enfance, vis-à-vis des parents, permettra à chacun de vivre ces transitions en toute sérénité. On ne peut faire l'économie d'un cadran. Chaque changement de cadran implique une perte d'un rôle par rapport aux autres, une modification d'identité qu'il faut assumer. C'est pour cela qu'il est si difficile de prendre de nouvelles responsabilités ou un nouvel emploi, même en cas de promotion. Car il s'agit à chaque fois de refaire cet apprentissage, douloureux pour l'estime de soi et le regard des autres.

Adoptez la zen attitude

Ne posez pas plus de questions qu'il n'est strictement nécessaire. Dans certaines entreprises, toute question peut être perçue comme une mise en cause de l'organisation, de la hiérarchie, de la connaissance partagée. Si l'on se place dans une logique d'apprentissage par l'observation, chère à la culture chinoise, votre question signifie aussi que vous n'avez pas su trouver les réponses par vous-même. Cela vous disqualifie donc. Respectez la loi du silence.

Investissez de nouveaux horizons

Si votre développement personnel n'a pas été interrompu par la régression des relations au sein de votre entreprise, si vous avez acquis la capacité à vivre dans l'interdépendance, vous saurez vous adapter au nouveau rôle d'*Enfant* soumis qui vous est proposé au travail.

Vous aurez à cœur d'investir d'autres rôles au sein de sphères nouvelles. Vous conserverez ainsi votre capacité à les remplir, vous protégerez l'équilibre de votre identité et maîtriserez vos sources de plaisir. Si vous savez en prendre conscience avant que la frustration ne s'installe, les nouvelles relations imposées dans l'entreprise n'auront plus d'influence sur vous.

Le business de la démotivation

The Art of Demotivation, le livre du Dr E. L. Kersten, a été salué par la presse dans un pays où le business de la motivation fleurit. Et si vous vous adonniez aux joies subtiles et paradoxales des

« *demotivators* », ces indéfinissables posters réalistes qui rendent dérisoires nos plus beaux combats ? Ce business est une illustration intéressante de l'effet pirouette.

Appuyez-vous sur les normes ISO

5

« Zéro blabla, zéro tracas… »
Publicité MMA

L'ISO et la certification sont supposées garantir la qualité des produits qui sortent d'une entreprise. Mais n'attendez pas tout des normes ISO. Les fastes du zéro défaut, du zéro mépris et de la qualité totale sont dépassés. Place au réalisme ! Ce ne sont que des normes d'organisation. En fait, elles assurent simplement que les produits seront réalisés selon les critères définis par l'entreprise. Elles confirment que l'entreprise a bien évalué le coût des retours, des accidents et des malfaçons. Les dispositions retenues suffisent à obtenir une satisfaction convenable de la clientèle. L'entreprise s'organise pour faire face aux retours et aux pertes de clientèle qui suivront la détection des défauts. Tout cela reste conforme aux règles de la norme.

Qualité d'hier et d'aujourd'hui

Le manuel de management, pierre angulaire du système d'une organisation certifiée ISO, permet de décliner dans l'entreprise la stratégie de l'équipe dirigeante. Il n'a pas vocation à assurer la qualité optimum pour le client. Il répond encore moins à la qualité considérée par l'employé comme une exigence des règles de l'art, telles qu'il les a apprises sur les bancs de l'école ou de sa formation. Ainsi, si les produits sont conçus pour durer dix ans, les éléments seront constitués de matériaux offrant la même durée de vie. Tant pis si la machine à laver de votre grand-mère et son frigo duraient toute une vie.

L'AFNOR affiche pourtant l'optimisme : « *La mise en place d'un système de management intégré permet à l'entreprise de s'engager dans la voie du développement durable qui concilie la performance économique et l'équité sociale* ». Mais la carte n'est pas le territoire et l'arbre n'est pas le fruit. Pour nombre d'entreprises, le manuel qualité reste un affichage de bonnes intentions.

Le mieux ennemi du bien

Ce faisant, le respect des normes, la satisfaction des audits systématiques peuvent imposer une dose de bureaucratie qui s'ajoute aux tâches des salariés. La valeur ajoutée la plus visible de ce label ISO est de pouvoir continuer à répondre aux appels d'offres des clients qui exigent la certification. Peu à peu, l'écart se creuse entre le monde de la règle et le monde des réalités. C'est à chacun des salariés de faire le grand écart.

Cet écart, et les efforts qu'il implique, ne peuvent être reconnus par la technostructure. Ce serait un aveu d'impuissance. Ils sont donc définitivement inscrits au registre du non-dit de l'entreprise.

La démarche ISO, née dans l'après-guerre, dans un espace économique en pleine expansion, semble peiner à s'adapter au monde de consensus de l'entreprise d'aujourd'hui, à son espace de développement limité, tant en externe qu'en interne. Désormais, tout se négocie. Les hommes, les priorités, les valeurs et les finances se livrent une compétition surréaliste.

Le zapping des normes

Au fil des années, les normes et leurs exigences ont évolué à un rythme effréné. Un corps d'auditeurs, de conseils, de formateurs, d'organismes de certification et d'accréditation s'est constitué. La normalisation des produits et des organisations a ainsi généré un véritable business parfaitement protégé. Dès lors, la tentation est grande de renouveler les normes pour nourrir le système. Quant aux entreprises, elles sont condamnées à financer les audits et à suivre leurs recommandations en augmentant notablement leurs coûts de production, ou à mettre la clef sous la porte. Les plus grandes rentrent au conseil d'administration des organismes certificateurs et accréditeurs pour modérer ces nouveaux pouvoirs.

Identifiez l'esprit de la démarche qualité

N'oubliez jamais que la démarche qualité traduit d'abord les intérêts de l'entreprise et sa stratégie vis-à-vis du client. Ce n'est pas la qualité telle que vous la percevez de votre poste de travail, ni celle de la machine à laver de votre grand-mère qui mourait avec elle. Cette différence se mesure au zèle mis en œuvre à l'occasion des défauts, erreurs, produits non satisfaisants, retours clients.

La démarche qualité n'est pas nécessairement le chevalier blanc de l'entreprise.

L'amélioration de la qualité

La démarche ISO est une démarche d'amélioration continue. Celle-ci est très importante, voire même centrale, dans les entreprises de culture anglo-saxonne. C'est la vraie source de valeur ajoutée d'un système qualité. En France, compte tenu de la défiance et des non-dits, à tous les niveaux de l'entreprise, la démarche d'amélioration continue est perçue comme une menace pour les pouvoirs et les identités managériales. Pour les opérationnels, ces écarts ou non-conformités ne sont que la partie émergée de l'iceberg. À eux de faire le grand écart, celui qui, seul, permet à l'entreprise de poursuivre son activité.

La Word attitude

Ce logiciel de traitement de texte permet une reprise à l'infini de chaque texte. La magie du copier-coller a séduit tous les professionnels. Fini le document calligraphié à la main, sans ratures, qui décrivait toutes les équations de construction d'un barrage. Il y a cinquante ans, on pensait avant, on écrivait après. Aujourd'hui, les ajustements successifs, presque maladifs, de textes précédemment copiés sont la principale source de perte d'efficacité et d'erreurs. L'amélioration continue est devenue pathologique.

Alliez-vous à la pieuvre qualité !

La réalisation de chaque activité est décrite suivant un « processus ». Ces processus de travail doivent subir une révision régulière qui fait partie des points vérifiés par les auditeurs. C'est le meilleur moment pour changer la manière d'effectuer une tâche (la vôtre ?). Et... il y a un processus pour modifier les processus. Si vous y tenez vraiment, faites-en une lecture attentive. Remplissez les formulaires correspondants. Prenez conseil de votre hiérarchie, ils siègent au directoire qualité de l'entreprise, étape de base pour la validation des évolutions.

Une grande prudence est de mise lorsqu'une malfaçon est décelée, même si elle a eu des conséquences fâcheuses. Même si elle est susceptible de se renouveler. Même si elle menace l'appareil industriel. Une erreur, c'est toujours un coupable potentiel. Peu de structures sont encore capables, à tous les niveaux hiérarchiques, de faire de l'erreur un tremplin pour la réussite.

Pour chacun des acteurs, l'échec est une mise en cause très personnelle de sa stratégie de survie professionnelle, consciente ou inconsciente. Envisagez plutôt avec prudence une adaptation marginale – voire personnelle – d'une mise en œuvre formalisée des outils de la démarche qualité. Dans le doute, faites un essai sur un problème mineur.

Dans certains cas, l'erreur entraîne la mise en place de plans de protection des populations, ou l'information des autorités sanitaires ou de sûreté. C'est à votre hiérarchie d'évaluer la démarche à entreprendre. Zorro n'est pas ISO.

Le plaisir dans l'ISO

Le but d'un système qualité est de promouvoir une organisation qui traduise les enjeux et les objectifs de l'entreprise. Dès lors, tout devrait être facile. La machine ISO tournerait à plein rendement, les relations seraient simples et les produits satisferaient aux exigences. Toute anomalie susciterait une recherche collective tonique des défauts résiduels. Trop simple pour les humains que nous sommes ?

Alerte à la qualité des réseaux d'électricité

En décembre 2003, un directeur de centre EDF écrit une lettre au préfet pour l'alerter sur l'état du réseau électrique dont il a la responsabilité. Pour EDF, cette démarche constitue une faute. L'entreprise publique décide de licencier le cadre sur-le-champ pour « abus de liberté d'expression ». « Mais que devais-je faire ? », s'interroge celui-ci. « En ne disant rien, je pouvais être considéré comme responsable pénalement en cas d'accident. En parlant, je ne respectais pas mon devoir de réserve. Il y a là un vrai vide juridique. »

Le 15 octobre 2004, le tribunal des prud'hommes de Blois a estimé que François B. avait bel et bien abusé de sa liberté d'expression, mais n'a pas retenu pour autant la faute grave pour qualifier cet abus.

Prenez votre part de responsabilité

6

> *« Responsable mais pas coupable »*
> **Georgina Dufoix, TF1, 1991
> (affaire du sang contaminé)**

Si toutes les entreprises respectaient en permanence l'ensemble des législations en vigueur, ce chapitre n'aurait pas lieu d'être. Mais les affaires qui touchent les plus petites comme les plus grandes indiquent que nombre de salariés vont se trouver, à une étape de leur vie professionnelle, dans la situation difficile de ne pas appliquer la loi, sur ordre de la hiérarchie ou, plus exactement, dans un espace de non-dit ou de consignes verbales.

Chaque entreprise définit ses règles vis-à-vis de la responsabilité personnelle des salariés. Quelles que soient les publicités qui sont faites en interne autour des affaires délicates, vous les connaîtrez très rapidement en consultant les annales de jurisprudence sur Internet.

> Depuis le 1er janvier 2006, la responsabilité pénale des personnes morales est étendue à l'ensemble des délits, entraînant un accroissement considérable du risque pénal pour les entreprises.

Il est bien évident que, sauf faute particulière avérée dans l'exécution des tâches demandées, la responsabilité personnelle d'un salarié est rarement recherchée. Le système hiérarchique de l'entreprise, la multiplicité des contrôles formels imposés, notamment par la démarche qualité, fait que la responsabilité est toujours partagée. Elle est légalement assumée par le chef d'entreprise, qui est désigné comme responsable devant la loi. Cependant, chaque responsable peut expressément déléguer sa responsabilité de contrôle à un expert et l'inscrire dans l'organisation.

> En cas de délégation de pouvoir, le dirigeant est protégé, mais l'entreprise est poursuivie en tant que personne morale.

Les délégations de responsabilité ne sont opposables que si elles sont écrites. Elles sont partiellement explicitées dans les documents d'organisation ou les missions personnelles ou collectives. À vous d'identifier celles qui vous concernent. Elles doivent être accessibles à tout le personnel. Ce travail de synthèse vous est rarement proposé lors de votre entrée en fonction. Il est prudent de s'en charger au plus tôt.

L'entreprise n'a pas intérêt à exposer son image à l'occasion d'affaires mineures. Elle cherchera de préférence à établir un arrangement amiable avec la victime du préjudice. Attention ! Certaines entreprises sont tentées de traquer la faute directe d'un salarié. En France, l'affaire se juge alors au conseil des prud'hommes. En général, le salarié perd son emploi. Des indemnités peuvent parfois être négociées.

Ce n'est plus le cas dès lors qu'il y a mort d'homme ou blessure, dégâts importants ou catastrophe environnementale. Dans ce cas, c'est la justice qui est saisie de l'affaire, et l'entreprise ne peut proposer des arrangements amiables.

Chaque salarié est donc, *in fine,* et même, hélas, en cas d'ordre formel de sa hiérarchie, responsable de l'application des règles de l'art et de la législation en vigueur.

Il y a nombre d'entreprises qui contreviennent à la loi, soit par méconnaissance, soit par souci d'économie ou de tenue des objectifs. Cependant, pour elles comme pour chacun de ses salariés, « *nul n'est censé ignorer la loi* ». C'est la raison pour laquelle toute démarche qualité implique la mise en place d'une veille législative et réglementaire, afin d'identifier les nouvelles exigences qui concernent les activités de l'entreprise. Cependant, cette veille, onéreuse, n'est pas efficace à tous les niveaux de l'entreprise. Soyez attentif aux procédures qui vous informent des évolutions dans votre domaine.

Au besoin, posez la question : « Quelles sont les dispositions qui me permettent d'être informé des évolutions des règles de l'art ou des exigences légales ? »

Tout salarié qui a identifié un écart sur le respect des exigences légales va se trouver porteur d'un message qui risque d'entraîner des conséquences économiques sur sa structure. Dans le meilleur des cas, il est porteur d'une évolution des pratiques professionnelles et des habitudes. Il n'y a donc aucune raison pour que son message soit bien perçu.

Même si la nouvelle réglementation ou la stricte application des règles en cours vous semble d'un intérêt majeur pour votre société, soyez très prudent sur votre démarche d'information. Vous n'êtes pas nécessairement le bienvenu. Si les conséquences de cette réglementation touchent directement vos responsabilités, n'hésitez pas à transmettre un mail bref d'information à votre hiérarchie et demandez s'il y a des consignes d'application. Vous classez ce mail dans vos dossiers personnels. Vous avez rempli votre devoir d'alerte.

Les experts

Certains salariés sont en charge de la vérification de l'application des normes et réglementations et sont accrédités par des organismes extérieurs (experts-comptables, notaires, médecins, inspecteurs de sécurité...). Ils sont responsables de la vérification de la mise en œuvre des exigences légales. Leur signature les engage personnellement.

De la confusion à la conscience

Une fois que vous les avez identifiés clairement, vous pouvez gérer vos espaces de responsabilité. Vous pouvez également protéger les espaces flous. Lorsque vous aurez pris la mesure des risques, vous pourrez envisager une relation plus sereine avec vos partenaires professionnels.

Les syndicats

Un cadre sur sept s'engage dans un mouvement syndical, pour un ouvrier sur seize. Le syndicalisme des cadres tend à relever d'un engagement civique, alors que celui des salariés d'exécution renvoie traditionnellement à la lutte des classes. C'est aussi une façon de prendre sa part de responsabilité dans le dialogue social et d'acter l'évolution des statuts sociaux.

Le whistleblowing

Aux États-Unis, la loi Sarbanes-Oxley de 2002 permet aux salariés de dénoncer des fraudes dont ils seraient témoins ou complices. Ces procédures baptisées « whistleblowing » [coup de sifflet] ne concernent que les questions comptables. En France, plusieurs syndicats demandent qu'un réel droit d'alerte soit instauré pour les salariés, et notamment pour les cadres.

Ressource 6 : La Responsabilité civile et pénale du cadre : « les baïonnettes intelligentes »

En exécutant les ordres de son employeur, le cadre peut s'exposer à des poursuites civiles ou pénales de tiers. En matière civile, pas de problème ; s'il n'a pas excédé les limites de ses fonctions, le salarié sera exonéré de toute responsabilité. En matière pénale, c'est moins simple. La mise en cause de la responsabilité civile ou pénale d'un salarié demeurait auparavant exceptionnelle, grâce à une politique volontariste de la chambre sociale de la Cour de cassation. Le paradoxe aujourd'hui est que si l'employeur a de grosses difficultés à poursuivre son salarié, la victime du dommage causé par ce dernier, elle, ne se heurte pas à ce problème. La croissance exponentielle des incriminations pénales envers les entreprises ne met plus aucun cadre – n'ayant fait qu'exécuter des ordres – à l'abri de poursuites émanant d'un tiers. Inversement, les employeurs peuvent-ils systématiquement couvrir leurs salariés, aussi haut placés fussent-ils, dans la mesure où le champ de la vie privée intègre de plus en plus celui de la vie en entreprise ?

Pour le Code pénal, un cadre s'étant livré, même sur ordre, à des actes réprimés par la loi, met en jeu sa propre responsabilité pénale. Dans la pratique, cependant, le lien de subordination amène souvent le juge répressif à une bienveillance proportionnelle au rang hiérarchique du prévenu. La théorie militaire « des baïonnettes intelligentes », permettant de refuser d'exécuter un ordre manifestement illégal, est aussi belle à expliquer que difficile à appliquer sur le terrain accidenté du monde du travail. Mieux vaut, quoi qu'il arrive, éviter les soucis avec la justice.

(Liaisons Sociales Magazine – 1ᵉʳ mars 2002)

Apprenez à « porter le chapeau »

7

Après vingt ans de réorganisations, fusions, restructurations, l'organisation des grandes entreprises est en état de choc. Europe ou pas, les institutions chargées des services à l'entreprise ou des réglementations ne le sont guère moins ! Chacun survit comme il peut. Méthodes managériales tendance zapping, organisations provisoires, gestion à court terme des ressources humaines, choix de prestataires inadaptés, choix techniques désastreux, chacun a dû se plier au consensus.

Certains salariés ont courbé l'échine. Ils ont tenté de se fondre dans le troupeau. D'autres ont entamé une vie de dissident. Dans ces périodes, toute tête qui dépasse, toute parole qui détonne, c'est l'hallali. Mais, le jour où un nouvel arrivant au « top ten » impose une remise en ordre, il faut trouver un coupable des dysfonctionnements chroniques. L'équipe en place accepte rarement d'en assumer la responsabilité. Il est donc urgent d'identifier le responsable des errements passés : le dernier arrivé, le mouton noir, l'éléphant blanc du zoo, celui qui justement a tenté de remettre de l'ordre. Le premier qui a dit la vérité... Lui – ou elle – ne comprendra pas. C'est « Koh-Lanta » version entreprise : « Ils ont choisi de vous éliminer, leur sentence est irrévocable » !

Dans une entreprise qui fonctionne selon les canons de l'organisation, de l'amélioration des méthodes ou du développement des compétences de chacun, cette situation trouve une solution éclairée, grâce au dialogue. Mais...

Hier ist kein warum !

Toute entreprise traverse des temps d'ombre. Quand cela arrive, le système est inexorable. Elle ne peut plus faire marche arrière sans causer de nouveaux dégâts collatéraux. Démontrer le contraire ? Impossible. Les déviances étant collectives, personne n'a pu rester en dehors. Reste à savoir si vous êtes prêt à porter le fardeau, et quelles seront les conséquences si vous acceptez de le porter.

Négociez la sortie !

Faites de cet épisode une occasion de progresser. Plus vite vous clôturerez l'étape de démonstration de votre performance, de votre contribution, de votre valeur ajoutée – étape de défense qui mine votre énergie –, plus vite vous vous investirez dans la négociation. À vous d'avoir un projet alternatif : négocier un « outplacement », un licenciement économique, une libération des clauses de non-concurrence, la création d'une « intraprise », des fonds, des contrats et un accompagnement pour créer votre entreprise...

Vous êtes libre, et presque riche...

Trouvez un compromis avec les exigences éthiques

8

Nous sommes nos propres pères
Si jeunes et pourtant si vieux,
Ça me fait penser, tu sais
Nous sommes nos propres mères
Si jeunes et si sérieux.

Corneille

Toutes les entreprises souhaitent afficher un comportement exemplaire. Cette dimension éthique, qui relève du niveau 5 de la pyramide de Maslow *(p.35)*, recèle un potentiel symbolique puissant positif ou négatif. Source de risques commerciaux majeurs, elle est manipulée dans toutes les entreprises avec grande prudence. L'entreprise, cette personne morale, va donc tenter de convaincre par un discours et des actions à connotation éthique.

> **2002 - NRE** - La loi sur les Nouvelles Régulations Économiques, comporte un volet sur le harcèlement moral qui s'inscrit dans le nouveau code du travail.

Le discours symbolique collectif

Dans les groupes à échelle mondiale, la tendance est de faire référence aux conventions éthiques de portée universelle : la Déclaration universelle des droits de l'homme, la Charte européenne des droits fondamentaux, la Déclaration et les conventions de l'OIT relatives aux principes et droits fondamentaux du travail, ainsi que les principes directeurs de l'OCDE (révision année 2000) à l'intention des entreprises multinationales.

Elles affichent leur adhésion aux dix principes du *Global Compact*, pacte mondial de l'Organisation des Nations unies (signé en avril 2005). Ce référentiel peut faire sourire, il est bien évidemment « non contraignant », mais la définition d'un consensus autour de ce qui est « bien » représente un véritable progrès. Il définit enfin les exigences minimales de citoyenneté d'entreprise imposées à cette entité qualifiée de « personne morale » qui n'en avait parfois que le nom.

La réalité législative

Certains pays commencent à définir les responsabilités morales de l'entreprise dans le cas de fraude ou d'erreurs de ses cadres. Le chef d'entreprise a l'obligation de mettre en place les moyens nécessaires pour contrôler les agissements de ses cadres dans tous les domaines. La fraude d'un de ses membres devient ainsi une responsabilité de l'entreprise.

> **2002 - La RSE,** ou Responsabilité Sociale des Entreprises rend obligatoire le Rapport Annuel et le bilan social pour les grandes entreprises.

La réalité, le conscient et l'inconscient

Dans les activités qui impliquent des fraudes, petites ou grandes, des manquements à la législation, la fabrication d'engins de destruction ou la mise en danger des personnes, les besoins des salariés, en particulier les besoins de reconnaissance sociale, sont difficiles à satisfaire. Ces situations entraînent des psychopathologies qui ont été largement étudiées ces dernières années. Les études traduisent la construction de stratégies collectives de défense, d'une interprétation acceptable de la situation qui permet de conserver à la fois l'activité nourricière et l'estime de soi. Dans ces situations spécifiques de déni, toute personne qui tentera de lever le voile et refusera la complicité passive sera immédiatement exclue et victime de toutes les formes de harcèlement.

Les fraudes

Compte tenu du nombre d'affaires soulevées par la justice, un nombre croissant de salariés sont placés devant l'alternative d'exécuter des ordres frauduleux ou de perdre leur travail. Nombre d'entre eux enferment leur souffrance dans un déni obstiné de la réalité. Ils gardent le silence sur les pratiques qui les nourrissent. Il n'y a pas si longtemps, ces situations étaient des « cas de conscience », mais la banalisation du déni et de cette souffrance font désormais partie de l'activité de travail.

Réveillez le chroniqueur qui sommeille en vous

Rédigez le contexte du dossier sur lequel vous avez été contraint d'apposer votre signature, ou du travail auquel vous avez contribué. Placez-le en lieu sûr. Relisez les lettres de missions. Vérifiez vos délégations de pouvoir. Identifiez votre part de responsabilité. Vous ne pouvez pas refaire le monde, mais peut-être, un jour, pourrez-vous contribuer à un soupçon d'amélioration.

Construisez votre propre espace éthique

Compensez le sentiment négatif induit par les inévitables accrocs à la « totale éthique » de votre travail en ayant une activité positive pour la société. C'est le rachat des péchés du chrétien. Cette pratique, parfois dévoyée, est salvatrice pour la conscience de tous.

> *La juge Eva Joly a été chargée en France, au sein du pôle financier du tribunal de grande instance de Paris, de l'enquête sur l'affaire ELF et sur ses multiples ramifications politiques et économiques. Elle a ouvert en Norvège, son pays d'origine, Transparency International, une ONG qui vise à réduire la corruption dans les échanges internationaux.*

Trouvez un compromis avec les exigences éthiques

Imaginez le scénario catastrophe

Et si... Le pire n'est pas certain. Mais il est rassurant de l'imaginer, en dehors des cauchemars nocturnes. Cette méthode permet de rendre les craintes et les peurs conscientes et accessibles au raisonnement, au lieu de les enfouir dans l'inconscient. Que ferez-vous si...

> **2006 - Mondial de football :** Zidane, après un instant de réflexion suivant une « insulte », envoie un « coup de boule » à Materazzi. Il sort du terrain. Fin de match pour lui ! Pour son équipe, quelques minutes de délai ! Fallait-il respecter les règles du jeu, ou sauver son honneur ? À ce jour, la presse et les juristes n'ont pas terminé l'examen de cette question éthique.

Ressource 7 : United Nations Global Compact

Principe 1 : l'économie doit encourager et respecter la protection et les droits humains universels.

Principe 2 : l'entreprise doit s'assurer qu'elle n'est pas complice d'abus de droits humains.

Principe 3 : l'économie doit conserver la liberté d'association et la reconnaissance effective du droit collectif.

Principe 4 : élimination de toute forme de travail forcé ou obligatoire.

Principe 5 : élimination du travail des enfants.

Principe 6 : élimination de la discrimination dans le respect de l'activité et de l'occupation.

Principe 7 : l'économie doit encourager une approche de précaution vis-à-vis des challenges environnementaux.

Principe 8 : entreprendre des initiatives pour promouvoir une plus grande responsabilité environnementale.

Principe 9 : encourager le développement et la diffusion de technologies respectueuses de l'environnement.

Principe 10 : l'économie doit travailler contre toute forme de corruption, incluant l'extorsion.

Ces principes se déclinent dans la convention fondamentale de l'OIT

(Organisation internationale du travail)

Dans votre poste opérationnel, vous pourriez rapidement découvrir que la réalité est parfois en opposition de phase avec l'affichage. Bref, l'éthique, exigence difficile au quotidien, est parfois une simple publicité mensongère. Comment vivre ces situations ?

Éthique et toc

Soyez raisonnables et ne prenez pas vos exigences personnelles pour des obligations de l'entreprise. L'entreprise reste un monde dicté par la réalité économique et, sauf exception, le plan de déploiement de l'éthique se limitera à ce qui est le moins cher et à ce qui rapporte le plus en terme d'image ou de risque pénal. Ainsi, une entreprise particulièrement polluante sur le cours d'un grand fleuve, en butte aux revendications des Verts, a su proposer l'achat et la gestion d'une réserve naturelle sur ce même fleuve. Votre objectif était de limiter la pollution et l'impact sur la santé. Vous serez donc légitimement frustré, voire révolté. Cela nuira à votre activité professionnelle ou à votre déroulement de carrière si vous confiez votre point de vue à vos collègues. Le monde ne s'est pas fait en un jour.

Les instances de recours et de médiation

S'il existe parfois des médiateurs reconnus pour les clients (par exemple, en France, pour les opérateurs téléphoniques et pour l'énergie électrique), la médiation interne est plus délicate. En cas de fraude, il n'est pas toujours facile de savoir à quel niveau de la hiérarchie s'adresser. Dans tous les cas, mieux vaut se faire accompagner d'un représentant syndical et apporter des preuves tangibles. Par contre, en cas de discrimination ou de harcèlement moral, la médiation tend à s'imposer en interne, avant que la loi ne saisisse le problème. La consultation d'un avocat spécialisé en droit du travail s'impose. La délicate question de la qualité des preuves réunies lui sera confiée.

La zen attitude

Quelle que soit la carence d'éthique, elle a certainement des bords, comme tous les trous. Vous pouvez choisir d'être exemplaire dans les espaces non contaminés. C'est la réponse non-violente aux dérapages de l'autre. Les espaces où cette exemplarité se développera peuvent fédérer, faire question. Nul n'est besoin pour cela d'avoir une vocation de martyr.

Dans un comportement de **leader**, vous pouvez :
– apporter de la méthode ;
– apporter de l'information ;
– préciser les objectifs et les risques ;
– clarifier ;
– construire des solutions ;
– encourager les initiatives éthiques dans des domaines connexes ;
– proposer des actions collectives.

Dans un comportement de **retrait**, vous pouvez éviter toute démarche contraire à l'éthique dont vous pouvez faire l'économie en gardant votre travail.

Dans tous les cas, et malgré votre émotion, il est important de rester positivement ouvert aux autres. Ne commentez pas, ne jugez pas ! Soyez factuel, discret.

Le piège du collectif

Pour contourner les réactions individuelles, certaines entreprises font peser l'obligation d'engagement sur l'équipe. Refuser, c'est transférer le problème sur un autre. Refuser, c'est mettre l'équipe en difficulté, lui donner un surcroît de travail, dégrader l'ambiance. Le groupe a peu de chance d'être longtemps solidaire de vos exigences éthiques.

Retour à l'envoyeur

Apprenez à dire tranquillement, et avec le sourire : « Cette signature n'est pas dans mes compétences. Je crois que ce dossier ne remplit pas les critères qui me permettent de signer », « Je ne sais pas », « Je ne suis pas sûr ». Au besoin, faites le disque rayé et répétez. Ne vous laissez pas manipuler : « Ceci est de votre responsabilité, vous avez délégation de pouvoir... » ou : « Vous ferez cela très bien, je n'y connais rien ». Rappelez-vous et rappelez-leur que « toute délégation sans contrôle est un abandon ».

Restez politiquement correct

9

Entreprise et désir de démocratie

L'entreprise n'est ni un espace démocratique ni un lieu d'expression libre. Penser n'est pas sa raison d'exister. Chacune s'approprie donc un ensemble de concepts prêts-à-penser et de comportements politiquement corrects. L'entreprise sort du champ d'application du droit fondamental de la liberté de penser et de s'exprimer.

On ne peut être expert en tout dans ce monde complexe. Les « experts autorisés » sont chargés de penser et sont rémunérés pour cela. Mais le consensus – l'hypocrisie ? – du politiquement correct et de la pensée unique survit aussi parce que c'est moins fatigant que de penser soi-même.

Ainsi, le prêt-à-penser s'ancre avant tout dans la passivité des salariés.

> Le politiquement correct s'appuie sur une culture dominante qui nie l'identité de l'individu au profit du groupe et qui reconnaît aux groupes politiquement puissants d'imposer leur morale.
>
> **Pierre Lemieux**

Vous et le discours d'entreprise

Vous n'êtes pas votre entreprise. Vous n'êtes pas obligé d'adhérer au discours. Vous avez le droit de penser. Est-ce vraiment une nécessité vitale pour vous que de demander des preuves, et une cohérence entre le discours et la réalité ? Le plus confortable à moyen terme est de mettre définitivement une étiquette « mensonges » sur certains discours. Elle vous dispensera de l'effort mental d'interrogation et de distance permanent. La fidélité contrainte ne s'est jamais appelée de la confiance.

Comportement soumission/mimétisme

Identifiez les croyances. En quoi diffèrent-elles des vôtres ? Décidez une fois pour toutes de les accepter pour le temps que vous passez dans l'entreprise, ou partez immédiatement.

Économies d'énergie

Maintenant que vous avez admis le rôle du discours, vous allez économiser beaucoup d'énergie. Les nouveaux entrants peuvent rapidement créer un dictionnaire de la langue interne, afin de l'apprendre comme une langue de survie. S'ils parlent par numéro de dossiers, faites de même ! Si ce sont des sigles, apprenez-les ! Si les salariés sont désignés par leurs initiales, n'hésitez pas... et si chacun tutoie son voisin, sacrifiez le vouvoiement, gardez-le pour madame votre mère. N'oubliez pas le port de chemisettes blanches, parfaitement repassées, été comme hiver, si c'est aussi un code.

Ne confondez jamais l'usage du costume gris et du costume marron. Ne vous trompez pas de gris non plus ! La conformité au modèle s'impose dans l'entreprise, au moins autant qu'au collège entre adolescents !

L'adoption volontaire de ces nouveaux codes et la redéfinition consciente de nouvelles interprétations leur ôtent toute nocivité en dehors de l'entreprise. Elle ôte au discours toute sa force manipulatrice – on dit : « *déconstructrice de réalité* » – et rend au salarié son autonomie de pensée. Dès lors, il peut se comporter de la manière adaptée et attendue à l'intérieur de l'entreprise, en toute conscience, sans que cela entrave sa capacité de penser.

Consolidez votre employabilité 10

Ils ont bien disparu
Le grilleur de marrons
L'écorcheur de lapins
Et le chanteur des rues.

Juliette

L'insécurité des parcours personnel et professionnel a considérablement augmenté du fait de la complexification de nos sociétés et de la mondialisation. De ce fait, un nombre croissant de nos contemporains utilisent leur énergie à conserver leur emploi, plutôt qu'à s'épanouir aux étages supérieurs de la réalisation de soi. Les facteurs qui menacent l'emploi sont, en grande partie, hors du contrôle du travailleur lui-même. Ils dépendent du client, des autres travailleurs (moins chers, moins protégés, plus « pistonnés »), des législations des pays (moins de taxes, moins d'impôts, moins de législations coûteuses) comme des caprices de la bourse. La capacité et la valeur ajoutée personnelle pèsent assez peu dans cette balance. Cela génère un sentiment d'insécurité qu'il est urgent de maîtriser pour éviter de se détruire au travail. À chacun de nous de diminuer sa vulnérabilité professionnelle.

Les facteurs qui y contribuent sont connus. Les mettons-nous en pratique pour autant ? Ce sont :

– la compétence ;
– la mise à niveau des connaissances ;
– l'appartenance à une entreprise en bonne santé ;
– la rareté de la compétence acquise ;
– la valeur ajoutée du travail par rapport aux objectifs de la société ;
– l'appartenance au « cœur de métier » ;
– la maîtrise des aspects financiers ;
– la connaissance des secrets industriels ou autres ;
– l'appartenance à une organisation professionnelle et la prise de responsabilités au sein de cette organisation ;
– l'appartenance à une organisation syndicale puissante au sein de la branche ;
– les relations familiales ou les réseaux ;
– les relations politiques ;
– les relations médiatiques ;
– la relation avec un parrain influent au sein de la société.

Compte tenu de l'hétérogénéité de ces facteurs, dont certains ne sont acquis que par la naissance, le maintien dans l'emploi peut devenir un travail à plein temps, sans pour autant procurer les niveaux supérieurs de satisfaction. Faut-il y renoncer pour autant ? Le contrat de travail passé avec l'entreprise définit le cadre de l'activité pour laquelle celle-ci rémunère le salarié.

Rien ne l'oblige à valoriser vos compétences, même si elles s'inscrivent dans le cadre de ses activités !

Gardez et développez vos compétences

Lorsqu'Éric a commencé sa carrière, fraîchement diplômé comme ingénieur en télécommunications, il est embauché dans une grande entreprise, son rêve... Pour son premier travail, on lui confie un projet en électricité triphasée très haute tension. En face de lui, un jeune ingénieur en électricité souffre sur une étude d'installation de télécommunications. Ouverture d'esprit assurée, mais gaspillage de compétence ! Lancés tous deux sur un domaine d'activité qui ne correspondait pas à leur métier, ils n'exerceront jamais dans leur domaine de compétence. Tous deux choisiront de s'investir dans une voie tertiaire.

Vos capacités à trouver ou retrouver un travail sont plus que jamais celles que vous serez capable de « vendre » à votre employeur suivant. Toutes les capacités « transverses » ou non spécialisées seront moins recherchées que les compétences métier proprement dites. Sur ces créneaux, l'offre sera plus restreinte pour l'employeur. Quel est votre métier ? Comment vous situez-vous par rapport aux techniques le plus en pointe ? Comment maintenez-vous vos compétences dans votre environnement actuel ? À quelles formations avez-vous accès ?

Vos compétences métier étant assurées, il est indispensable de développer également vos compétences de vie. Tout adulte devrait apprendre à gérer une association, à créer un comité de soutien, à organiser une manifestation et à soutenir une cause par voie de presse…

Gérez les incidents de parcours

Tout le discours de l'entreprise vise à démontrer qu'un salarié qui suit à la lettre les injonctions managériales va trouver l'épanouissement dans son travail grâce aux échelons hiérarchiques gravis les uns après les autres. Ces étapes sont réputées pourvoyeuses de tous les niveaux de besoin. Cela sera vrai pour quelques-uns, à un moment de leur carrière. Mais il y aura aussi de plus en plus d'accidents, imprévisibles, douloureux.

Pour les autres, peut-être pour presque tous, « mieux vaut tenir que courir ». La sagesse impose parfois des compromis frustrants.

Plan survie

Rien n'empêche alors de consacrer son énergie à d'autres activités[6] destinées à pourvoir aux niveaux supérieurs de la pyramide.

C'est probablement un des aspects des 35 heures qui a été le moins exploré. Chacun peut désormais disposer à sa guise de ce temps qui reste : loisirs, farniente, ou travaux personnels

---

6. Définition de la pluriactivité : la notion de *pluriactivité* peut se définir comme : « *l'exercice simultané par une même personne de deux ou plusieurs activités de nature professionnelle, syndicale ou politique […] elle est souvent l'objet d'une réglementation en vue de limiter ou même d'interdire certains cumuls.* » (Encyclopédie Dalloz)

dans un autre domaine : sport, bricolage, musique, peinture, sites Internet, jardinage, recherches, lobbying, réseaux.

> « *L'existence d'un lien de subordination juridique n'est pas incompatible avec le cumul d'une activité salariée et d'une activité indépendante, de nature agricole, commerciale ou libérale* » (Soc. 17 juin 1982 : Bull.civ., V, n° 403)

Les 35 heures n'ouvrent pas seulement la voie aux loisirs

De plus en plus de salariés exercent, à titre bénévole ou non, une autre activité. Ils n'y occupent pas nécessairement la même position sociale. Dans le Gers, ces salariés de la semaine élèvent des canards et des oies. Ils commercialisent leur foie gras sur Internet. Dans les pays de vignobles, ils cultivent leurs vignes et participent le week-end aux grandes foires internationales.

> *Lundi matin : votre voisin de bureau revient ébloui de l'exposition de peinture qu'il a enfin organisée dans une grande galerie parisienne. Enfin, il a « bien vendu ». Le magasinier EDF, derrière sa grille, vient de terminer son atelier de sculpture sur bronze, à l'arrière de sa maison : « Tu comprends, avec toutes ces commandes, je n'arrivais plus à travailler dans cette pagaille. Tu verrais comme c'est grand ! ». Le comptable, lui, est adjoint au maire de sa commune. Dans sa tête, il prépare déjà son conseil municipal. Votre entreprise s'est peu à peu peuplée de personnalités à double vie. Est-ce si original ?*

Des pilotes d'avion salariés dirigent aujourd'hui des cabinets de recrutement, des médecins animent à temps partiel un cabinet de conseil en société d'exercice libéral... Plus modestement, mais parfois de façon fort lucrative, les mères de famille peuvent s'investir dans la vente à domicile au sein de leur cercle personnel. C'est ainsi que les célèbres cercles Tupperware® ont fait des émules dans la lingerie et les produits de beauté. C'est le retour à la valorisation du réseau familial et de la tribu. Les associations ou les mairies fournissent également à nombre de salariés l'occasion d'exercer des responsabilités sociales et économiques. Leur autonomie ferait rêver leurs supérieurs hiérarchiques.

Peu à peu, alors que les médias soulignent l'envol des loisirs, les entreprises se peuplent de salariés à double vie. Nos vies rejoignent tranquillement celle des salariés américains, anglais ou ceux des anciens pays du bloc communiste, qui consolident leurs revenus, leurs compétences et leurs réseaux par une double ou triple activité : chirurgien thoracique le jour, chauffeur de taxi la nuit !

Doubles vies choisies ou fruits de la nécessité, ces doubles activités permettent de déployer son réseau de relations, d'ouvrir son esprit à d'autres possibilités, de préparer les changements et d'amortir les coups durs. Elles permettent de diminuer le fossé entre vie professionnelle et loisirs, vie professionnelle et retraite. La retraite devient alors un temps où l'on exerce la seconde activité, à temps plein ou à temps choisi. Dans ce contexte, l'horizon de la retraite sera vécu comme le temps de mettre enfin à exécution tous les projets en gestation.

Ces doubles vies introduisent aussi au sein de l'entreprise un monde différent, une vision du monde plus réaliste, qui ne peut être manipulée par le discours ambiant et la culture d'entreprise. Elles actent que l'entreprise n'est pas un espace démocratique, encore moins de liberté d'expression ou de réalisation de soi.

Dans certaines entreprises françaises, particulièrement allergiques au principe même du double emploi, symbole d'infidélité physique et mentale à la main qui vous nourrit, les DRH commencent à considérer comme une richesse d'avoir des salariés qui ont une activité complémentaire. Ainsi, pendant longtemps, EDF a soutenu et animé le réseau des agents exerçant un mandat électoral. Le lien avec l'enjeu de l'implantation rurale des centrales nucléaires a été le premier ressort de cette coopération. Mais, même dans cette configuration gagnant-gagnant, l'activité complémentaire de certains des salariés est parfois perçue négativement par la hiérarchie qui se sent – à juste titre – dépossédée d'une partie de son pouvoir totalitaire sur ces acteurs autonomes.

Marché noir ou économie en or

Toute cette activité échappe assez souvent à l'impôt, surtout quand il s'agit de faire soi-même ce qu'on aurait pu acheter : réparation de voiture, construction de maison, conserves ou leçons particulières. Pourtant, la création de valeur utilise des matières premières soumises à TVA., et, à la vente de la maison réaménagée, c'est la nouvelle valeur qui servira de base au calcul de l'impôt et des taxes. Tout est bien qui finit bien. Quant aux bénévoles, ils créent du lien social, qui génère autant d'économie d'accompagnement des individus. En France, avec les 35 heures, les salariés n'ont jamais autant travaillé !

Ressource 8 : Les clauses d'exclusivité et de non-concurrence

Le salarié est subordonné à son employeur par un contrat de travail dont l'économie générale s'inspire du principe de loyauté, qui prend ici la forme d'une obligation de fidélité. Le principe étant celui de la liberté du travail, la portée de cette obligation est contenue dans les attributions du salarié, sa qualité et son rang dans l'entreprise, ou encore la nature de ses fonctions... Ce qui concourt à envisager la nécessité d'assortir le contrat de travail d'une clause d'exclusivité.

Plus qu'une obligation de loyauté, la clause d'exclusivité inscrit au passif du salarié une obligation de fidélité renforcée, et, puisqu'elle restreint sa liberté de travailler, doit être écrite.

Cette clause particulière doit être différenciée d'une autre, la clause de non-concurrence. Les deux découlent de cette obligation de fidélité due à l'employeur, et visent à la protection des intérêts de l'entreprise, mais elles n'ont pas la même portée. D'abord, les effets de la clause de non-concurrence se prolongent généralement au-delà de la rupture du contrat de travail, ce qui n'est pas le cas pour la clause d'exclusivité. Ensuite, la clause de non-concurrence joue uniquement pour une activité similaire ou identique, alors qu'une clause d'exclusivité, par nature modulable, peut être particulièrement rigoureuse et empêcher un employé d'exercer une activité parallèle quelconque, si cela est justifié par l'intérêt de l'entreprise.

Enfin, à la différence de la clause de non-concurrence, la validité de la clause d'exclusivité n'est pas soumise au versement d'une contrepartie financière.

Source : Maître Murielle CAHEN
Avocat à la cour d'appel de Paris

Les perdants des 35 heures

Certains salariés ne peuvent s'inscrire dans la logique de la double vie. Leurs horaires de travail ont au contraire explosé du fait de la concurrence intense et de la mondialisation. Commerciaux et cadres multiplient les voyages aux quatre coins de la planète ! Quant à leurs soirées, elles sont consacrées à la rédaction des comptes-rendus de réunion. Généreusement équipés par leurs entreprises de téléphones et d'ordinateurs portables, ils sont joignables et corvéables à toute heure du jour ou de la nuit, décalage horaire oblige.

Un cadre consacre désormais ses heures « ouvrables » à la gestion du temps des autres. C'est à lui d'assurer les synergies entre des salariés aux horaires de plus en plus individualisés, et de maîtriser le déroulement des projets. Le soir venu, il ouvre enfin ses propres dossiers. Sa rémunération réelle est écrêtée par des taux d'imposition dissuasifs. Trouve-t-il encore suffisamment de satisfactions à sa participation – modeste – aux succès en bourse de son entreprise ? Accepte-t-il encore les rémunérations colossales de ses dirigeants ?

Quelques grands-messes célèbrent encore les hauts faits. Mais le temps est à la compression des frais de personnel. Ces temps de reconnaissance se réduisent donc comme une peau de chagrin. Nombre de cadres ne se retrouvent plus qu'aux heures tardives, autour de la photocopieuse. C'est là qu'ils finissent de taper, de mettre en page ou de photocopier les documents à remettre d'urgence, faute de secrétariat pour assurer ces tâches.

Fragilités

Obnubilés par les tableaux d'indicateurs, concentrés sur les objectifs à atteindre à tout prix, les cadres supérieurs perdent rapidement le contact avec la réalité concrète du travail. Ils sont interchangeables. Ils le savent. Stratégie pour stratégie, vente de voitures ou vente de gaz, leur aptitude à passer de l'un à l'autre les banalise. Dans la réalité, de peur de se tromper, ils sont de plus en plus nombreux à suivre sans créativité les diktats de la bourse et des quatre cabinets major de consultants. Et si, telle année, la masse salariale doit être diminuée de 15 %, ils s'exécutent. Pourquoi ? Parce que si une entreprise ne suit pas les diktats, sa cotation en bourse plonge.

Dans ces conditions, leurs positions professionnelles deviennent de plus en plus fragiles. Sauf à être éligibles aux *golden parachutes* et autres compensations en stock-options, qui font du licenciement une véritable opportunité plutôt qu'un accident, plus dure sera la chute en cas de remerciement prématuré. Et l'âge peut jouer de manière inexorable dans les choix.

Accepter d'être cadre... ou pas !

L'écrasement des rémunérations, l'explosion des heures supplémentaires non payées, les corrections fiscales et la non-éligibilité aux avantages sociaux liés au salaire laminent le taux horaire réel de rémunération. Pour tous ceux qui sont tentés par la double activité, une réponse correctement chiffrée s'impose : le temps, c'est de l'argent.

Tissez votre réseau 11

Nous t'attendons Ingrid
Et nous pensons à toi
Et nous ne serons libres
Que lorsque tu reviendras.

Renaud

Chaque entreprise adopte ses propres règles non dites concernant les relations que l'on doit entretenir entre collègues hors du contexte strictement professionnel. Ces règles définissent la nature des échanges d'information acceptables. Elle définit aussi la typologie du cercle relationnel de chacun de ses membres. Il y a donc un relationnel à valoriser et un relationnel à garder pour soi.

Sans la connaissance et la compréhension de ces relations extérieures, vous allez perdre toute une partie de la musique de l'entreprise. Une symphonie sans les violons ou sans les cuivres.

> Le réseau relationnel s'impose aujourd'hui comme le plus fort levier de développement tant pour les individus que pour leurs entreprises.
>
> **Salon des micro-entreprises.**

À chaque pas, cette musique vous manquera pour jouer votre propre partition.

Les tribus

Nous avons vu que la complexité des organisations de l'entreprise, imposée par la technostructure, a entraîné la constitution de clans ou tribus, à taille humaine. Ils permettent la survie des groupes confrontés à la réalité, que ce soit celle du client ou celle de l'installation industrielle de production.

Dans cette compétition effrénée contre un monde vaste, indifférent et agressif, le recours à la tribu de proximité est une condition de survie du groupe, un creuset de motivation et de réassurance collective.

Le clonage

Dans la plupart des entreprises, un processus de clonage se met en place. La promotion sélective d'individus susceptibles de satisfaire aux mécanismes d'allégeance et de mimétisme permet au haut management de consolider sa perception de la réalité et de s'accorder sur les stratégies à mettre en œuvre. Ce clonage autorise de plus un déni collectif de la réalité, confortable pour les identités et parfois dramatique pour les entreprises...

Au niveau opérationnel, le clonage joue tout autant. Il s'agit de protéger les savoir-faire, les non-dits et les pratiques qui assurent la protection et la survie du groupe. Naïveté ou parcours professionnel différent, toute personne qui paraîtra ne pas jouer le jeu se verra immédiatement exclue du parcours.

À vous d'évaluer au plus juste la tolérance de votre tribu à la différence et d'assimiler les coutumes pour le reste, qu'elles vous paraissent justes ou pas.

Dans le cas contraire, préparez-vous à dépenser une partie notable d'énergie à assumer vos différences.

Le mimétisme et les échanges informels

Chaque tribu a ses sports symboliques, aux unes le football et le rugby, aux autres le vélo, le ski ou la voile. Ne cherchez pas pourquoi, il s'agit le plus souvent du passe-temps d'un leader historique.

Si vous voulez vous intégrer, il est utile d'afficher un intérêt marqué pour le sport ou le loisir de référence. S'il y en a plusieurs, chaque clan se reconnaît et se coopte dans l'entreprise. À vous de choisir le clan auquel vous souhaitez appartenir. Il ne s'agit pas de trouver dans l'entreprise un terrain d'expression pour votre sport de prédilection. Il faut choisir. Vous allez donc vous trouver à faire du vélo alors que vous êtes passionné de ski. Attention, si vous commencez dans un clan pour vous apercevoir que votre avenir est ailleurs, vos coéquipiers d'un moment vous en voudront, et considéreront cela comme une trahison.

Objectif intégration

Votre intégration sera satisfaisante le jour où vos collègues, voire vos supérieurs, viendront dans votre bureau raconter leurs exploits ou toute autre conversation, hors champ professionnel. Veillez seulement à ce que cela ne soit pas un handicap pour la réalisation de vos propres objectifs. Certaines personnes semblent avoir pour activité essentielle de « créer du lien ». Mais toute personne qui crée du réseau crée également un contre-pouvoir et un réseau potentiel de propagation de mauvaises réputations. Tout manager qui tient à sa carrière sait instinctivement se tenir à l'écart de tels risques.

Le paradoxe

Vous rencontrerez des salariés qui se rassemblent le plus souvent dans les couloirs, ou autour de la machine à café. Leur carrière vous étonnera pourtant, année après année. Ils détiennent le pouvoir d'un relationnel fort. C'est le paradoxe des sciences molles et de la gestion des ressources humaines. À vous de savoir également en tirer parti, d'autant que ce n'est pas désagréable. N'oubliez pas qu'un salarié qui se concentre sur son travail, seul à son bureau de huit heures du matin à huit heures du soir, est considéré dans certaines entreprises comme un psychopathe, au comportement dangereux pour lui-même, pour son équipe, voire pour sa société.

Effet pirouette... Effet papillon ?

Le réseau semble une manière très détournée d'arriver au but. Les liens qui s'y nouent sont parfois étrangers à l'activité que vous souhaitez développer. Mais un jour, quelqu'un vous appellera... Un membre du réseau lui aura parlé de vous. Tout à coup, l'opportunité que vous n'imaginiez plus va se présenter et changer le cours de votre vie.

Tissez votre réseau

Appuyez-vous sur votre réseau

Au fil des années, votre réseau vous permettra de prendre appui pour avancer, comme un voilier s'appuie sur le vent et sur sa vitesse pour affronter la houle et les risées.

> À cause d'un seul clou
>
> Un fer a été perdu ;
>
> À cause d'un seul fer
>
> Un cheval a été perdu ;
>
> À cause d'un seul cheval
>
> Un cavalier a été perdu ;
>
> À cause d'un seul cavalier
>
> Une bataille a été perdue ;
>
> À cause d'une seule défaite
>
> Le royaume a été perdu.
>
> **Le folklore et l'effet papillon**

Choisissez vos combats 12

Je n'ai qu'une seule vie
À trouver le remède
Je n'ai qu'une seule vie
Chaque jour cette pensée m'obsède.
Gérald de Palmas

Aujourd'hui, vous n'irez pas à cette réunion, comme vous le faites d'habitude. Les mêmes conflits d'intérêts, les mêmes absences de solution, les mêmes voix dominatrices, les mêmes silences. Ce temps perdu, vous décidez de le réinvestir dans autre chose. À l'évidence, vous allez perdre votre place dans la meute. Mais continuer à défendre votre position est encore plus épuisant. Cette fois, vous déposez les armes.

Vous venez de prendre une très vieille décision, commune au règne animal. La fuite est un mécanisme de survie appris dans les premiers temps de la socialisation par petits groupes, quand la peur du mâle dominant impose de refuser le combat et d'accepter la perte des femelles, de la nourriture, du territoire, pour conserver la vie et ne pas perdre la face. Cet abandon du combat face à un brame puissant, des bois développés, est le fait des cerfs. Mais, inconsciemment, l'homme règle ses comportements sur les signes de domination de l'autre : des arcades proéminentes, un menton volontaire, une attitude de gagnant. L'armée américaine a multiplié les études morphologiques sur ses promotions d'officiers.

Fuir le combat que l'on vous propose, refuser le terrain et les armes qui vous sont offertes, est-ce peur ou intelligence ? Lâcher prise n'est pas une fin en soi. Identifiez ce que vous allez faire pour progresser. Il y a toujours un moment étonnant où les autres s'aperçoivent que vous ne jouez plus... Il se passe alors toujours quelque chose. Ce quelque chose fait sortir les autres acteurs de leur jeu habituel. C'est le principe de la non-violence : « Tendre l'autre joue »[7], proposait le Christ.

Peut-être qu'en refusant ce combat, vous vous placez en meilleure position pour réussir le prochain, pour rencontrer de nouveaux alliés, réfléchir à d'autres méthodes, identifier vos forces et vos faiblesses.

L'être humain a très peur de l'échec. Il est câblé pour nous rendre la sensation physique qui l'accompagne très désagréable, et nous faire passer l'envie de renouveler les erreurs.

Le stress déclenche la sécrétion de cortisol, d'acétylcholine et d'adrénaline, nos hormones de survie.

---

7. Évangile selon Saint Matthieu 5,39.

Pendant ce temps, le vainqueur, baigné d'endorphines, vit un grand moment d'euphorie.

Rappelons-nous également que l'être humain, à l'instar de quelques autres animaux supérieurs comme les dauphins, est capable de rechercher des alliances avec d'autres humains pour mieux rester en compétition et engranger les avantages. Votre capacité à fournir des bonus est donc évaluée en permanence. Si votre fréquentation n'amène pas rapidement des bénéfices, vous serez écarté, c'est la loi du genre (humain).

Dans l'entreprise, attendez-vous à tout, au meilleur comme au pire. Et préparez-vous ! L'homme n'est pas – encore ? – un animal parfait. Lorsque ses pulsions de violence et de domination ne sont pas canalisées par l'éducation et la culture collective, il est capable du pire. Or, l'entreprise est un lieu de brassage où le management n'a pas toujours vocation pédagogique.

La confiance ?

Faut-il oser la confiance, comme le préconisent nos plus célèbres coachs ? Serions-nous tous devenus des animaux supérieurs ? Aujourd'hui, la prudence incline à revisiter cette vision idéaliste du monde. À identifier les espaces de confiance. À mettre les autres sous contrôle. Banale affaire de gestion des risques.

Tomeo-nage

Le judo nous propose une excellente approche de la pirouette en situation de combat. En judo, le terme usité est « technique de sacrifice ». Le principe est d'utiliser la force et l'énergie de l'adversaire. On retiendra plus particulièrement la prise appelée « *tomeo-nage* », où l'un des adversaires décide d'abandonner son propre équilibre en se jetant en arrière sur le dos, emmenant avec lui son adversaire qu'il projette avec son pied. Celui-ci fait alors une chute spectaculaire qui laisse au premier le temps de la surprise et permet la maîtrise au sol.

Prise de judo « Tomeonage »

Innovez 13

Les grands esprits ont toujours rencontré
l'opposition violente des esprits médiocres

A. Einstein

L'innovation est le leitmotiv des entreprises, quelle que soit leur taille. D'abord, parce qu'une réputation d'entreprise innovante permet de se positionner favorablement auprès des clients, du banquier et des institutions. L'innovation rend éligible aux subventions françaises et européennes. Elle permet des déductions fiscales et des dépôts de brevets susceptibles de générer un chiffre d'affaires significatif grâce aux licences accordées. L'innovation permanente est la seule garantie pour une entreprise de rester leader sur son marché.

Pourtant, gérer le changement entraîné par les innovations reste la hantise de nombre d'entreprises et de nombre de managers. L'innovation n'est pas seulement utile pour les produits, elle l'est aussi pour les structures et pour les méthodes de travail. Et là, rien ne va plus.

Dans l'entreprise, nombre d'individus vont immédiatement tout mettre en œuvre pour résister au changement. Même ceux qui, intellectuellement, auraient tendance à adhérer à l'idée. Ils sont inconsciemment mobilisés à maintenir le *statu quo*, cet équilibre irrésistiblement économe en énergie.

> La performance faible est punie parce qu'elle entraîne une défaillance du système. Mais l'excellence est également punie, parce qu'un surplus d'excellence exigera que le système change.
>
> **La stratégie du dauphin.** *Réf.[2]*

N'oublions pas qu'une innovation, surtout si vous en êtes l'auteur, vous pare d'une auréole enviable, inaliénable, celle du créateur, celle sur laquelle planent les ombres de Pasteur, Léonard de Vinci, Bernard Palissy... Celle dont tout le monde rêve. Celle qui vous gratifie immédiatement de points au niveau 5 de la pyramide de Maslow. Donc, avec votre idée géniale, vous devenez immédiatement l'homme (ou la femme) à abattre dans l'entreprise. Alors, action directe ou sournoise, votre vie va devenir un enfer ! Vous ne l'imaginiez pas ?

Dans nombre d'entreprises, toute innovation brevetable en relation avec l'activité du salarié est propriété de l'entreprise. Si votre invention concerne un autre domaine, il est prudent de faire attester par l'entreprise qu'elle renonce à tout droit de propriété. La propriété intellectuelle des entreprises fait l'objet de réglementations précises.

Vous avez une bonne idée !

Si vous souhaitez en faire bénéficier votre entreprise ou la mettre en œuvre par vous-même, étudiez auparavant la réglementation interne, informez-vous auprès des hommes qui ont déjà mis en œuvre leurs innovations. Il se peut que la meilleure stratégie soit de ne rien dire.

Le risque est de voir l'entreprise s'approprier votre idée, sans contrepartie, même symbolique, et qu'en sus, votre emploi soit menacé par la jalousie de vos collègues ou de vos supérieurs.

N'oubliez pas que votre innovation va entraîner des changements – même s'ils sont bénéfiques – dans la pratique professionnelle des salariés concernés.

Les bonnes idées, même si elles s'avèrent inutiles à la grande entreprise, peuvent déboucher sur des créations d'entreprises rentables. La connaissance qu'ont les salariés du fonctionnement et des besoins des clients permet de développer des prestations complémentaires dont ils ne pourront se passer à terme. Rendez-vous au chapitre « Créer son entreprise ».

Pour nombre d'écoles de ressources humaines, l'innovation ne peut s'insuffler que de manière marginale, dans des secteurs connexes ou marginaux de l'entreprise. Vous faites face à trente années de culture du « marginal sécant », cet individu dangereux – mais ô combien nécessaire – qui apporte des idées neuves à l'entreprise. Son rôle est de contaminer progressivement ses collègues puis, de proche en proche, toute la structure. En innovant, vous devenez ce marginal sécant, qu'il convient de ranger immédiatement dans la case adaptée. Ces cases sont, hélas, souvent des cases fusibles. Si ça marche, tant mieux. Si l'idée échoue, on ferme le micro-atelier, on passe les investissements à perte et profit ou en défiscalisation d'innovation.

Votre poste disparaît et tout peut continuer comme avant.

Le changement, la création et le deuil

Le changement est un sport de glisse. Un sport de flux. Il se pratique comme le surf, la planche à voile ou le dériveur. Il s'agit de gérer l'accélération et de choisir le support idéal, la vague qui permet de maintenir ou d'accroître la vitesse. Dans le feu de l'action, il n'y a pas de repère visuel ou matériel pour indiquer qu'il est temps de quitter la vague ou d'en prendre une autre. Il n'y a qu'une sensation à l'estomac, une sorte de signal interne qui prévient. Cette même sensation peut être perçue dans la vie courante. Elle est le fruit de l'expérience et le résultat de l'analyse inconsciente de nombre de signaux faibles et d'informations sans cohérence apparente.

La plupart d'entre nous ignorent ces signaux, en parfaits cartésiens. Reste à gérer avec force pilules cette angoisse qui ne sait pas afficher sa réalité.

Acceptez le signal du changement !

Comme le surfeur, vous reconnaîtrez ce signal du changement de vague. Préserver, maintenir, gérer sont autant de stratégies consommatrices d'énergie pour des résultats décevants, voire négatifs.

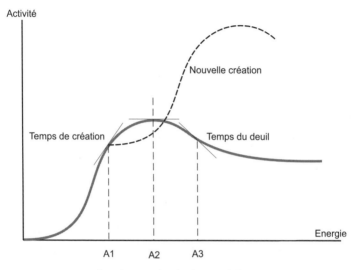

Les temps de vie des projets

Dans une phase de changement de type 1, où l'on fait un peu plus de la même chose, vient un temps A2 où, malgré l'énergie investie, la quantité d'activité produite diminue. Au temps A3, les dés sont jetés. Même si l'énergie investie augmente, l'activité stagne. Dès le passage du point A2, une phase de deuil s'installe, plus ou moins rapidement selon la sensibilité des acteurs. L'énergie est consommée en regrets, colère et déni, accélérant encore le déclin de la productivité.

Ces phénomènes sont annoncés au point A1, moment où la vitesse du développement de l'activité diminue. C'est à ce moment-là qu'il faudrait accepter de changer, de privilégier la création, pour optimiser l'énergie.

Les petites entreprises savent qu'il faut innover avant que les autres ne le fassent. Mais peu de grands systèmes sont capables de le faire. Et pourtant, l'évaluation de ce point est possible avec les outils très classiques du management de l'entreprise (chiffre d'affaires) ou du pilotage de soi-même (salaire).

Pour que le changement puisse intervenir à temps, il faut qu'à tout moment, le système ou l'individu reconstitue de nouvelles ressources, en acceptant de s'ouvrir à de nouvelles perceptions et de nouvelles réalités. Il doit emmagasiner de nouveaux désirs, de nouveaux plaisirs, de nouvelles motivations qu'il suffira de mettre en œuvre, l'heure venue.

Vérifiez vos outils de travail   14

Retour de vacances : le dossier EZ3546AA a disparu du bureau. Vous le cherchez en remuant ciel et terre. Quelqu'un en a eu besoin. Le ramener signerait son inélégance. Peu de chance qu'il revienne ! Tant pis pour vous. C'est le nouveau code du travail. Les plus jeunes ferment leurs tiroirs, leurs placards. Ils ont été à la dure école du collège, où tout se prend, se rackette, « même le vent », dit la chanson…

Vos outils de travail sont complexes

Ce ne sont plus votre règle à calcul, votre stylo-plume ou votre compas qui conditionnent votre efficacité. Ce sont aussi vos outils informatiques, vos imprimantes, votre PDA, votre téléphone ou votre ordinateur portable et vos logiciels qui font votre compétence et la différence.

> **L'obligation de vigilance**
>
> L'employeur a l'obligation de surveiller l'activité des salariés sur le système d'information mis à leur disposition. La protection de l'entreprise et de ses responsabilités l'impose.

Il y a parfois des surprises derrière l'uniformité apparente des postes de travail. Ou peut-être à cause de l'uniformité. Vérifiez que votre poste de travail dispose d'une mémoire vive suffisante, d'une capacité de disque dur personnelle ou partagée adéquate. Car, rien ne dit que les applications que vous utilisez ne nécessitent pas plus de mémoire que celles des autres.

Les écrans sont aussi très différents. De grands écrans à cristaux liquides de 19 pouces sont bien évidemment plus confortables pour la vue que les petits écrans de votre grand-mère, du fait de leur luminosité et de l'absence de rafraîchissement d'image.

La surveillance de l'utilisation des outils

La surveillance porte sur des aspects très divers, depuis l'interdiction de télécharger des logiciels piratés jusqu'à celle de se livrer à des activités illicites sur le Net. Cette surveillance doit cependant respecter la vie privée du salarié. D'où l'ambiguïté de la situation des administrateurs du réseau, qui ont accès à toutes les données des usagers.

Les logiciels, les applications

Côté software, la visibilité est encore moins facile. Surtout lorsque les softwares sont distribués en réseaux. Apparemment, tout le monde dispose du même logiciel. Mais il y a les options, les versions, les accès, les pilotes, les didacticiels. Une inspection rapide des outils d'un autre poste, de ses ressources, de la façon dont les autres s'en servent permet parfois de découvrir que vous ne disposez en fait que de la version de démonstration, très incomplète, que vos accès aux espaces de travail ou aux menus sont très limités, ce qui conditionne bien évidemment votre information. Les listes de diffusion vous épargnent peut-être, mais vous avez besoin de ces informations pour travailler. À vérifier !

Même si vous n'êtes pas branché, une petite vérification périodique s'impose. Ces nouveaux outils peuvent faire la différence de qualité de travail. Le contrôle exercé par les entreprises sur l'égalité de l'accès aux outils informatique est très flou. Cela imposerait à la fois une connaissance des réseaux informatiques et des règles d'attributions des outils qui sont assez rarement formalisées. Or, ces accès sont le propre des administrateurs. Ils ont l'exclusivité des sésames. Eux seuls peuvent vous donner l'accès aux outils dont vous rêvez.

Certaines entreprises ont élaboré des profils utilisateurs qui permettent de définir les outils adaptés à un type de travail. Mais ce n'est pas généralisé, laissant un espace largement ouvert à l'oubli, l'erreur voire la discrimination.

Préservez votre santé

15

Le travail c'est la santé,

rien faire, c'est la conserver.

Henry Salvador

La liste des maladies professionnelles reconnues ne cesse de s'allonger. Pourtant, nombre de spectres du XIXe ou du XXe siècle sont en nette régression : la tuberculose, la silicose, l'anthracose, le saturnisme (lié aux usages du plomb), les cancers des radiologues, les surdités (expositions au bruit)…

À l'évidence, les taux d'accidents ne sont pas également distribués selon le secteur d'activité.

> En 2008, le Bureau International du Travail estime que dans le monde, 2,3 millions de personnes sont décédées de maladies ou d'accident liés au travail.
>
> *OIT: Journée mondiale de la santé et de la sécurité au travail 2009.*

D'après le BIT, les maladies professionnelles tuent 1,7 million de personnes par an, ce qui donne un rapport de quatre décès causés par une maladie professionnelle pour un décès causé par un accident.

À l'évidence, avec un taux de fréquence de 3,9 %, les statistiques américaines sont très loin de nos constats français.

De nouvelles pathologies ont hélas remplacé les fléaux d'antan. L'asbestose, cette atteinte pulmonaire par inhalation de fibres d'amiante, avec évolution fréquente en cancer, fait son entrée en fanfare. Aucun traitement vraiment efficace n'existe actuellement. On peut également citer les expositions aux solvants aromatiques (toluènes, benzènes) qui détruisent massivement les globules rouges et induisent des cancers du sang. Dans l'agriculture, les produits organophosphorés utilisés comme insecticides provoquent des troubles neurologiques, et sont incriminés dans la baisse de fertilité des hommes.

À noter cependant qu'en dehors de quelques accidents ponctuels, il y a eu peu d'accidents dus aux rayonnements nucléaires, du fait du suivi très rigoureux des travailleurs concernés.

Hélas, peu de démarches concrètes permettent de faire face aux conséquences du stress professionnel, en progression exponentielle. Ses effets, par stimulation du système nerveux autonome ortho et parasympathique, avec libération de nombreuses hormones, peuvent entraîner des pathologies graves, comme l'hypertension artérielle, l'insomnie, les troubles de la vigilance, du comportement, de la libido, et, à long terme, l'infarctus du myocarde... La reconnaissance des obligations de l'employeur vis-à-vis de la santé mentale des salariés est cependant un premier pas fondateur, qui permet à la jurisprudence de se constituer.

La coordination des services de santé des différents pays permet aujourd'hui d'identifier plus précocement les produits potentiellement toxiques, et d'en interdire l'usage.

Chaque travailleur doit contribuer à sa propre protection au travail et à l'application des règles en vigueur. Malgré la vigilance de l'encadrement responsable, les travailleurs ne sont pas toujours suffisamment attentifs à l'application des règles de sécurité et de protection. Les manquements sont souvent liés autant à la négligence qu'à l'inadaptation des protections ou des dispositions aux travaux à réaliser. C'est en particulier le cas des protections auditives de type bouchons, inadaptés au travail en équipe. Dans certains cas, c'est l'urgence de l'intervention qui fait oublier les protections imposées. Mais cela peut être aussi le fait d'une exigence de rendements trop importants.

L'accident nucléaire de Tokaimura au Japon le 30 septembre 1999 a été causé par l'introduction d'une quantité trop importante d'uranium enrichi, causant une réaction de criticité (une réaction nucléaire incontrôlée) qui s'est poursuivie pendant vingt heures. Ce jour-là, les employés ont introduit dans une cuve de retraitement 16 kg d'uranium enrichi au lieu des 2/3 kg habituels. Les organismes internationaux de contrôle des activités nucléaires ont conclu que la cause directe de l'accident était une erreur humaine des opérateurs. Cependant, la NSC a souligné à plusieurs reprises à quel point « il était difficile d'établir comment les efforts de la compagnie pour améliorer la rentabilité de l'installation dans le contexte de compétition international avaient pu conduire à l'accident de criticité ».

Il reste cependant un certain nombre de produits dont les interdits ne sont pas harmonisés. Ils sont autorisés dans certains pays et pas dans d'autres.

Ainsi, au Canada, la législation sur l'usage de l'amiante dans les locaux professionnels est beaucoup moins rigoureuse qu'en France. La polémique sur les OGM ou sur la vache folle souligne bien combien la clarification de la dangerosité des produits à court et long terme est parfois difficile à établir par des tests de laboratoire. DDT et Distylbène feront hélas encore des émules malgré l'encadrement croissant.

La médecine du travail est une spécialité. Les entreprises ont dû progressivement se plier aux règles de contrôle par l'inspection du travail, et à l'examen régulier des travailleurs. L'épidémiologie permet de détecter des relations entre les métiers et les maladies et de rechercher des causes.

Votre santé, c'est votre affaire

C'est vous qui prenez des risques, même si c'est votre employeur qui en assure la responsabilité pénale. Comme les juristes, inversons la « charge de la preuve » ! Prenez en main la gestion de vos risques professionnels. Informez-vous sur la nocivité des produits utilisés. Usez au besoin du droit d'alerte. La norme ISO 14000 impose à l'entreprise d'identifier les « impacts » et d'assurer une veille réglementaire. Une lettre des salariés au directeur avec copie au responsable qualité ne peut rester lettre morte.

En cas de doute sur un produit utilisé dans l'environnement de travail, renseignez-vous auprès du médecin du travail, après avoir consulté Internet sur les dangers potentiels. Un CHSCT (Comité d'hygiène et de sécurité et des conditions de travail) siège dans les grandes entreprises. Les travailleurs peuvent demander, par l'intermédiaire de leurs représentants syndicaux, de mettre à l'ordre du jour les conditions d'usage du produit suspecté.

Le médecin du travail qui siège au CHSCT pourra alors examiner la question, et apporter tous les éléments qui s'y rapportent. En retour, le chef d'entreprise, qui est responsable de la santé des travailleurs, devra tenir compte des conclusions.

Ressource 9 : Sécurité – responsabilités

La Cour de cassation, par ses arrêts sur l'amiante (arrêt n 835 du 28 février 2002 – Cour de cassation – chambre sociale), déclarant :

> Mais attendu qu'en vertu du contrat de travail le liant à son salarié, l'employeur est tenu envers celui-ci d'une obligation de sécurité de résultat, notamment en ce qui concerne les maladies professionnelles contractées par ce salarié du fait des produits fabriqués ou utilisés par l'entreprise ; que le manquement à cette obligation a le caractère d'une faute inexcusable, au sens de l'article L 452-1 du Code de la sécurité sociale, lorsque l'employeur avait ou aurait dû avoir conscience du danger auquel était exposé le salarié, et qu'il n'a pas pris les mesures nécessaires pour l'en préserver ;

et, par un arrêt de même date (Sécurité et délégation,) déclarant :

> Mais attendu que selon l'article L 230.3 du Code du travail, il incombe à chaque travailleur de prendre soin, en fonction de sa formation et selon ses possibilités, de sa sécurité et de sa santé ainsi que de celles des autres personnes concernées du fait de ses actes ou de ses omissions au travail ; que dès lors, alors même qu'il n'aurait pas reçu de délégation de pouvoir, il répond des fautes qu'il a commises dans l'exécution de son contrat de travail ;

a créé, par voie prétorienne, une obligation stricte de sécurité au travail engageant la responsabilité de tous ceux qui sont à même, de par leur formation et leurs possibilités, de la mettre en œuvre. (http://lexinter.net)

Il est rare aujourd'hui qu'une entreprise utilise des produits notoirement interdits dans le pays où elle exerce son activité. Si son activité impose cependant l'usage de tels produits, une réglementation rigoureuse en définit les conditions d'usage et l'exposition des travailleurs (exposition au bruit, exposition aux rayonnements).

La question se pose cependant pour les produits interdits suivant certaines législations, et autorisés dans d'autres. À l'évidence, les entreprises n'hésitent pas à délocaliser certaines productions pour éviter les contraintes dues aux législations trop protectrices. Le périple incroyable du porte-avions *Clemenceau*, en route pour un désamiantage en Inde, ne cache-t-il pas la réalité à l'abri de la médiatisation ?

Dans tous les cas, il n'est pas inutile de formaliser une alerte auprès de la direction, afin de sensibiliser sur l'usage des dits produits. Elle devra alors se positionner en toute connaissance de cause. Il est aisé aujourd'hui de constituer un dossier photo sur les usages du produit suspecté. En général, la maladie se déclare tardivement. Les liens de cause à effet sont établis de nombreuses années après l'exposition grâce à des études épidémiologiques. Il n'est donc pas inutile de constituer un dossier de preuves.

Vous ne pourrez pas être indemnisé au titre des accidents professionnels si vous avez effectué une tâche que vous n'étiez pas supposé faire, même s'il s'agissait de circonstances particulières. Par exemple, si vous portez un équipement, un outil de travail, en l'absence des manutentionnaires, aucune indemnisation ne sera acceptée si cet équipement vous écrase le pied ou vous provoque un déplacement vertébral. Même s'il est établi que, faute de cet équipement, vous ne pouviez pas travailler. Ces situations très fréquentes sont une source permanente de conflits entre les salariés et leur entreprise. Il est très difficile, dans la plupart des cas, d'obtenir une définition claire des tâches à réaliser.

Les accidents

En cas d'exposition particulière (explosion, inhalation, bruit intense), les conséquences peuvent parfois être invisibles (cas de dégradations des oreilles). Les premières déclarations et les premières expertises sont déterminantes pour la prise en charge et l'indemnisation future. Soyez très vigilant sur l'indépendance des praticiens et experts consultés, ainsi que sur le respect de la procédure (délais).

Découvrez les attributions du CHSCT. Dans tous les établissements d'au moins cinquante salariés, un comité d'hygiène et de sécurité est obligatoirement institué. Dans les autres, ce sont les délégués du personnel qui exercent les attributions du CHSCT.

L'entrave au fonctionnement ou à la constitution du CHSCT est un délit passible d'un emprisonnement d'un an au plus, et/ou d'une amende de 3750 € au plus.

Une employée se plaint de souffrir des yeux. En vain, elle multiplie les injections de collyre et les visites chez le médecin ophtalmologiste. Inspectant les indications portées par son installation informatique, elle constate que son écran d'ordinateur est particulièrement âgé par rapport aux écrans de ses collègues, et découvre que les paramètres de la carte-écran ne sont plus adaptés à ce modèle. Après l'achat d'une seconde paire de lunettes en six mois, elle demande à bénéficier d'un autre écran, certificat médical à l'appui. La direction répond qu'elle n'est pas responsable du parc informatique, dont la gestion est sous-traitée.

Ces réponses dilatoires ne devraient plus avoir court. Le fait de sous-traiter la gestion du parc informatique ne dédouane aucunement le responsable de cette entreprise de sa responsabilité vis-à-vis de la santé de ses salariés.

Utilisez le droit d'alerte et de retrait

Droit d'alerte : tout salarié peut signaler immédiatement à son employeur ou son représentant une situation de travail dont il a un motif raisonnable de penser qu'elle présente un danger grave et imminent pour sa vie ou sa santé.

Droit de retrait : tout salarié peut se retirer d'une situation de travail dont il a un motif raisonnable de penser qu'elle présente un danger grave et imminent pour la vie et la santé, sous réserve de ne pas créer pour autrui une nouvelle situation de risque grave ou imminent.

En cas d'accident du travail suite à un danger signalé, l'employeur sera considéré comme ayant commis une faute inexcusable.

L'employeur est tenu de procéder immédiatement à une enquête avec le membre du CHSCT qui lui a signalé le danger, et de prendre les dispositions pour y remédier. Il doit informer immédiatement l'inspecteur du travail.

Gérez votre temps et vos priorités 16

Les dossiers s'accumulent sur le bureau de madame Dur... Le peu de place disponible ne permet pas de disposer d'une bannette arrivée et départ et chaque interlocuteur n'a que la solution de poser son dossier sur une pile ou sur le petit fauteuil d'invité. Impossible de distinguer les anciens dossiers des nouveaux. Les dossiers s'abattent ainsi toutes les dix minutes sur ce bureau et sur l'activité en cours. Dans ces conditions, difficile de réfléchir plus de cinq minutes sur le problème délicat soulevé par le dossier qui vient d'être submergé par les autres. Il faut signer, donner des consignes, écouter, proposer. On traite l'urgence, on trouve des remèdes aux erreurs précédentes, on compense les absences. À la fin de la journée, madame Dur... a la tête qui éclate. Dans son service, les arrêts maladie pour dépression sont chose courante. Pourtant, aucune proposition de changement d'organisation ou d'outils n'a été prise en compte par hiérarchie.

Les entreprises travaillent à flux tendu et ressources minimums. Les acteurs en place sont donc chargés de gérer à la fois la charge normale, mais aussi les nombreux aléas. Le manque de réflexion entraîne à son tour des erreurs. La spirale infernale se met en place jusqu'à ce qu'un maillon de la chaîne cède.

Les maillons restants prennent alors le relais, avec encore moins d'efficacité.

Dans ces situations, les plus fragiles seront ceux qui s'approprient les objectifs de l'entreprise et relèvent instantanément tous les challenges. Quelques stratèges consacrent leur énergie aux seuls challenges qui les valorisent et ne bougent pas une oreille pour les autres. Ils gardent la maîtrise de leur investissement énergie. Reste à gérer la réaction du groupe, rarement dupe de cette approche personnelle.

Plan survie

Décidez de faire des choix ! Apprenez l'art délicat de refuser un travail sans froisser. Dans l'entreprise idéale, il existe des instances de régulation des tâches qui décident des priorités. Mais si, dans votre entreprise, votre supérieur s'installe dans le déni, la gestion de votre charge de travail vous incombe à plein. Que se passe-t-il lorsqu'une tâche n'est pas réalisée ? Quelles en sont les conséquences ? Pour qui ? L'apparence que le monde va s'écrouler si..., n'est souvent qu'un apprentissage cognitif de plus. N'hésitez pas à proposer votre approche des priorités en les justifiant par les enjeux de l'entreprise. Cette proposition peut ainsi devenir une base de négociation.

Choisissez votre « horizon-temps »

L'« horizon-temps » de l'entreprise devrait être de cinq à dix ans, afin d'anticiper correctement le marché. Cependant, pour les opérationnels de l'entreprise, cet horizon est celui de l'évaluation des résultats : mensuel, semestriel ou, pire, hebdomadaire. Il impose donc aux salariés d'adopter cet espace-temps. Or, comme l'entreprise, le salarié doit anticiper sa trajectoire, pour ne pas subir un parcours qui ne lui est pas favorable. Lorsque l'horizon-temps n'est que de quelques mois, le salarié ne peut anticiper. Il vit ou survit alors à court terme. La maîtrise de l'espace-temps est d'un enjeu considérable, bien qu'il soit rarement explicité. Si votre entreprise ne vous donne pas de visibilité, définissez vous-même votre chemin. Se dispenser d'une stratégie à moyen terme est la meilleure façon de subir de plein fouet tous les aléas.

> *Quand l'horizon-temps est à ce point élargi, les traits suivants deviennent de plus en plus auto catalyseurs :*
>
> — *considérer l'incertitude comme une ressource ;*
>
> — *penser en dehors des règles ;*
>
> — *être disposé à élaborer des théories ;*
>
> — *utiliser toutes les informations contradictoires ;*
>
> — *être ouvert à toutes les sources ;*
>
> — *prêter attention au non-dit ;*
>
> — *chercher plus d'une réponse.*
>
> **La stratégie du dauphin**[8]

---

8. D. LINCH, P. L. KORDIS, *La stratégie du dauphin*, **[2]**

Cette discipline nécessite un apprentissage et de la persévérance. Au début, il sera nécessaire de s'interroger fréquemment : ce problème a-t-il une importance pour ma vie dans trois ans ? Quelles seront les conséquences de cette décision dans cinq ans ? Cela correspond-il à la place que je veux occuper dans dix ans, dans le monde tel que je peux l'imaginer à cet horizon ?

Si l'anticipation est un privilège, elle ne demande qu'un investissement intellectuel. En revanche, comme son cousin le « délit d'initié », elle rapporte gros !

Choisissez votre lieu de vie

17

Prenez ma nouvelle adresse
Je vis dans le vent sucré des îles nacrées
Et à ma nouvelle adresse
Une fille s'amuse à rire de mes souvenirs.

Pierre Perret

Dans mon enfance, je pensais que toutes les villes bordaient la mer, que chacune abritait un port animé d'élégants voiliers. Je croyais que tous les enfants de France prenaient leur vélo, le mercredi, pour passer l'après-midi à la mer avec leurs camarades. J'imaginais que tous les amoureux se promenaient sur les bords de mer ombragés en se tenant par la main. Que tous regardaient monter les flots dans le soleil couchant. Toutes les leçons de géographie du monde n'y avaient rien changé. Dans mon cerveau d'enfant, la vie et l'école étaient des mondes séparés.

Vivre et mourir au pays

Il peut sembler très banal de souligner combien la qualité de vie dépend du lieu de vie. Pour nombre de gens, l'instinct de regroupement familial dicte le choix. Peu de gens semblent se poser vraiment la question du lieu de vie, sauf lorsque le choix initial s'avère désastreux ou impossible à pérenniser. Avez-vous identifié les clefs de votre géographie personnelle ? Êtes-vous ville ou campagne, mer ou montagne ? Êtes-vous prêts à passer votre vie au même endroit ? Pouvez-vous imaginer d'autres stratégies ?

Les migrations en France

Entre 1990 et 1999, 28 millions de personnes résidant sur le territoire métropolitain ont changé de logement, soit près d'une personne sur deux. Les deux tiers ont également changé de commune, un tiers a quitté son département, 20 % sont partis pour une autre région.

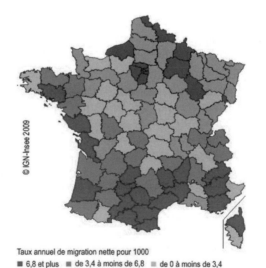

Migrations entre régions entre 2001 et 2006

Les personnes âgées de vingt-cinq à vingt-neuf ans sont les plus mobiles. En revanche, la mobilité des quarante/cinquante ans est faible. Pourtant, après avoir augmenté rapidement de 1954 à 1975, la mobilité résidentielle ne cesse de baisser. (Insee Première N° 758)

On peut choisir son métier selon l'endroit où l'on désire habiter ou l'inverse. On peut envisager d'habiter dans plusieurs lieux, au fur et à mesure de l'évolution de la carrière ou du développement de sa famille. Dans tous les cas, c'est l'équilibre famille, métiers, carrière, loisirs qui est redéfini. Cela peut devenir une source d'insatisfaction ou d'inadaptation essentielle, et imposer des révisions périodiques.

Migrations et disparités spatiales sur le marché du travail

> *Les disparités de salaire entre bassins d'emploi sont importantes. Par exemple, il existe une différence de salaire moyen d'environ 60 % entre Paris et les régions rurales. Environ la moitié de ces disparités peut s'expliquer par des effets de composition locale de la main-d'œuvre. Plus précisément, les travailleurs les plus efficaces se regroupent dans les zones les plus productives. Les raisons de cette sélection spatiale des travailleurs ont été peu explorées par la littérature. Plusieurs hypothèses sont avancées. La propension à migrer vers les régions riches pourrait être différente selon le niveau de qualification des travailleurs. Ainsi, les peu qualifiés seraient moins mobiles et se déplaceraient donc moins souvent que les plus qualifiés vers les régions attractives*

(Enquête INED)

La campagne, c'est tendance !

Les campagnes françaises se repeuplent. Les réseaux de communications, les moyens de transmissions facilitent le travail à distance. Alors que les plus défavorisés se rapprochent des villes pour bénéficier des infrastructures et des loisirs gratuits que seules les grandes agglomérations peuvent offrir, de plus en plus de *working young* s'installent à la campagne avec leur ordinateur et leur écran géant. Les indicateurs démographiques à la hausse dans les campagnes seraient-ils les prémisses d'une grande inversion de tendance, qui pourrait faire de nos villes les lointaines cousines des agglomérations du tiers-monde ?

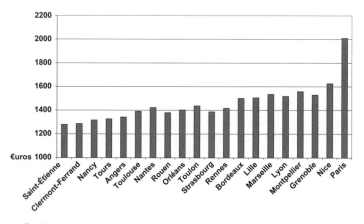

Budget mensuel moyen pour une famille de 4 personnes dans les principales villes françaises

Évolution des besoins

Le lieu de travail présente à la fois des composantes symboliques et des aspects pratiques. Il contribue à la satisfaction des besoins à plusieurs niveaux. Condition de nombreux choix, à court moyen et long terme, il peut devenir un objet de conflit interne majeur, source de frustrations. Le lieu de vie peut entraîner des contraintes ingérables : les finances, l'école, les loisirs, l'activité professionnelle. Il est souvent impossible de concilier l'ensemble des secteurs dès le début de la vie d'adulte.

Dès les premiers choix professionnels, interrogez-vous sur votre trajectoire de vie et les lieux qui l'accueilleront. Attention ! Au sein d'une même famille ou d'un couple, les résonances symboliques des lieux peuvent être très différentes.

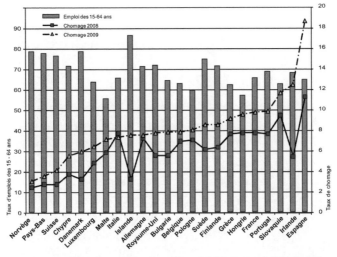

Taux de chômage en Europe. (Source Eurostat 2008-2009)

La tribu ou l'aventure

Ces chiffres imposent de réfléchir sur les trajectoires professionnelles optimales. L'examen des revenus moyens par habitant, du PIB et des taux d'imposition fournit des signaux simples. La dynamique des territoires est également révélatrice des potentiels de réussite. Quelques pays de l'Europe de l'Est ou de l'Asie affichent désormais des évolutions de PIB à deux chiffres. Comment ne pas réfléchir lorsque, de plus, un plein d'essence dans un pays pétrolier coûte un peu plus d'un euro ?

> **D'après un Rapport de l'OCDE**, 2 millions de Français vivent à l'étranger. Ce chiffre est en progression rapide et constante sur la dernière décennie. Entre les expatriés déclarés et le nombre estimé des nationaux vivant à l'étranger, l'écart est souvent du simple au double dans les pays développés.
>
> Les expatriés français sont moins souvent des diplômés de l'enseignement supérieur (36,4 %) que les expatriés anglais (41,2 %), américains (49,9 %), japonais (49,7 %), canadiens (40,6 %), ou suédois (40,1 %).

Émigration choisie

La réponse des jeunes, des moins jeunes ou des seniors à la question du lieu de vie entraînera une mise en concurrence des territoires et de leur offre économique et sociale. Cette logique est loin d'être récente. Aujourd'hui, 100 000 Français travaillent déjà en Chine.

> La Hollande est le seul Pays d'Europe où l'émigration est plus forte (110 250 en 2005) que l'immigration (93 000 en 2005).

Nombre d'artisans, d'ingénieurs, de savants, se sont expatriés entre les deux guerres, après la crise de 1929, pour trouver ailleurs un avenir meilleur. Aujourd'hui, ce sont les différences de taux d'imposition et d'offre de soins qui vont susciter l'expatriation des seniors, comme celle des Anglais en France et des Français au Maroc ou en Espagne.

Créez votre tribu planétaire

« Que serais-je à quarante ans, à cinquante ans, à soixante ans ? Quels sont aujourd'hui les choix qui satisfont cet objectif ? » Quelle est la meilleure stratégie pour consolider à la fois son appartenance à la tribu et son compte en banque ? On peut s'inspirer des dispositions prises par les Espagnols et les Portugais expatriés en France. Ce sont aussi celles retenues par les militaires et les diplomates. Ils conservent un lieu de vie familial au pays, autour duquel s'articulent et se construisent les identités de la tribu. Nombre de familles portugaises, comme les familles bretonnes ou irlandaises de la génération précédente, comptent désormais des membres dans plusieurs pays. C'est un atout professionnel considérable.

Entre 1981 et 2000, la plupart des États membres, en particulier les pays scandinaves, l'Italie, l'Espagne et les Pays-Bas, ont vu diminuer la proportion d'étrangers originaires d'un pays d'Europe, et augmenter la part des originaires des continents africains ou asiatiques.
**European Population Papers Series N° 7
Tendances migratoires en Europe**

En Europe, la mobilité professionnelle augmente : près de 28 % de la population active reste moins de deux ans chez le même employeur, la proportion a augmenté de cinq points entre 1997 et 2002. En revanche, la mobilité géographique reste faible, puisque la migration intraeuropéenne représente moins de 0,4 % de la population résidente, soit six fois moins qu'aux États-Unis.

Groupe de travail : Marché européen du travail – Confrontations Europe

Choisissez votre rémunération

18

Nous sommes URSSAF, CANCRAS et CARBALAS
Qui que tu sois, quoi que tu fasses
Faut qu'tu craches, faut qu'tu payes
Pas possible que t'en réchappes
Nous sommes les frères qui rapent tout.

Les Inconnus

Sauf cas particulier (dictatures du prolétariat des pays du bloc soviétique dans les premières années), le salaire n'est guère proportionnel à la pénibilité de la tâche. Par ailleurs, le principe de la rémunération proportionnelle à l'expérience et à sa valeur ajoutée est progressivement remis en question pour la génération senior. Peu à peu, la relation entre la rémunération et la tâche devient de plus en plus complexe.

Dans nos pays européens, la hiérarchie des salaires affiche la pagaille la plus complète.

> Mon job - De la peur au plaisir

Certains chirurgiens (Bac + 10/15)[9] opèrent parfois pour... vingt euros, alors qu'ils mettent en jeu, à chaque opération, leur réputation, leur carrière et leur contrat d'assurance, condition nécessaire à leur prochain acte chirurgical. Ce salaire fait sourire bien des managers énarques (Bac + 5/7), qui caracolent en tête des grandes entreprises après un passage dans les ministères. Ils cèdent au passage leurs stock-options, même lorsque leur travail a été préjudiciable à leur entreprise.

Profession	Niveau d'études[7]	Revenu (hors primes)
Dirigeant d'entreprise cotée en bourse	5/7	2/6 millions d'€uros
Notaire	6	240 k€uros
Directeur des ressources Humaines	4/5	130 k€uros
Avocat associé	6	131 k€uros
Pharmacien Hopital ou officine	6/9	112 k€uros
Huissier	4/6	105 k€uros
Responsable commercial	4/5	77 k€uros
Ingénieur des mines	5/7	67 k€uros
Ingénieur des eaux et forets	5/7	67 k€uros
Inspecteur des finances	6/7	67 k€uros
Responsable des relations publiques	4/5	64 k€uros
Préfet	5	61 k€uros
Pédiatre	12	58 k€uros
Taxi-ambulance	0	55 k€uros
Professeur agrégé fin de carrières	5/6	50 k€uros
Prothésiste dentaire	0	48 k€uros
Juge d'instruction	6/7	44 k€uros
Technicien supérieur	2/3	35 k€uros
Infirmière	4	30 k€uros
Instituteur	3/4	26 k€uros

---

9. En années après le baccalauréat (variable selon les parcours individuels – non précisé dans le classement de *l'Expansion*.)

Quant aux typiques *working rich*, ces super-salariés millionnaires stars de la bourse, traders, gestionnaires de fonds, ce millier de financiers a touché l'an passé, à Paris, des primes comprises entre un et cinq millions d'euros. Presque autant que les joueurs de football : environ vingt-trois millions d'euros annuels annoncés par la presse pour le jeune joueur Ronaldinho.

Ces salaires moyens affichés sont évidemment sources de disparités considérables, notamment dans certaines positions de haut niveau de la fonction publique où les primes en lien avec le volume d'activité encadrée forment une part notable du salaire (équipement, impôts...).

Cette opacité est entretenue. Les salaires sont connus des centres des impôts et une statistique pourrait très simplement être établie.

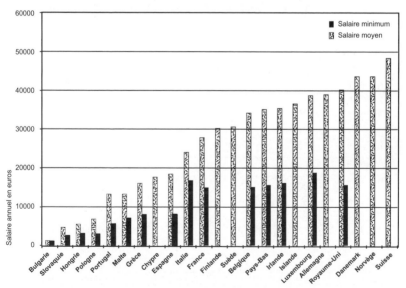

Les niveaux de salaires en Europe (Eurostat 2008)

Ressource 10 : Les stock-Options

Le système des stock-options est le droit pour un salarié d'acheter une action de son entreprise à un cours et dans un délai donné. Quand celui-ci lève son option, il achète l'action au prix dit d'exercice et la revend aussitôt en bourse pour empocher la plus value.

*Ces rémunérations se chiffrent en millions d'euros, chaque année, et représentent pour chaque PDG concerné plus de cinq fois le salaire annuel. Même si le mécanisme s'étend à un nombre croissant de « **golden salariés** », ces ponctions sur l'entreprise, décidées par un conseil d'administration souvent directement concerné par les attributions, privent l'ensemble des salariés du fruit de leur travail et l'ensemble des actionnaires de leurs dividendes.*

Les nouvelles normes comptables (IFRS) imposent aujourd'hui de comptabiliser les options comme des charges.

Quelques indicateurs de réalité

Un directeur d'hôpital[10] (Bac + 4/5) gagne souvent plus (51 k€) que la plupart des médecins spécialistes (Bac + 10/14) qui y travaillent. De même, à tous les échelons, les financiers (Bac + 5/6) s'installent désormais aux positions managériales rémunératrices, laissant aux ingénieurs, docteurs, experts, le soin de maîtriser la production, la recherche et la conception. De fait, la valeur ajoutée et la circulation des flux de capitaux sont aujourd'hui détachées de la chose produite. D'une manière générale, il faut admettre que lorsque ce n'est plus le produit ou l'intérêt de l'objet qui en détermine la valeur, mais l'organisation du circuit entre les producteurs et les acheteurs, le rôle du producteur initial devient très marginal au sens de la macroéconomie.

Changez d'échelle

Si la chose produite n'a plus de valeur au niveau macroéconomique, elle en reprend au niveau de la microéconomie, celle de l'échange, du marché local, de la relation d'aide... Détournée des circuits financiers, débarrassée des coûts induits par les flux, elle redevient compétitive au niveau local, redonnant sa vigueur à un collectif presque tribal[11] C'est l'idée des réseaux Sel (Systèmes d'échanges locaux) ou des marchés locaux.

---

10. Statistiques des gains des professions de santé
11. *Anti Œdipe et Mille plateaux*, Les cours de Gilles DELEUZE, [6]

> *Mon voisin vend les fruits de son jardin : 1,5 € le kilo de cerises, 1 € les tomates et 0,5 € les pommes en saison. Une petite pancarte devant son portail suffit à ses nombreux clients, ravis de faire des économies.*

Ainsi, la hiérarchie des rémunérations n'est plus en relation avec la difficulté des savoir-faire ni l'utilité de la chose produite.

Dans la plupart des cas, l'équilibre est atteint autant par le jeu historique des pouvoirs personnels ou institutionnels, que par les opportunités, les besoins spécifiques et les événements (guerres, crashs boursiers...).

L'Europe siffle la fin des privilèges historiques. L'harmonisation de l'accès aux professions fait cependant tomber progressivement un certain nombre de privilèges établis par l'histoire.

Le salaire n'est pas la seule rémunération à prendre en compte. Par exemple, il y a un biais significatif induit par toutes les professions dont les chiffres d'affaires sont partiellement investis dans l'outil de travail (entreprises, fonds de commerce, charges...). Ces professionnels le revendront, à l'heure de la retraite, en bénéficiant des avantages fiscaux liés à l'outil de travail. La revente reste cependant conditionnée par la loi de l'offre et de la demande, et par les évolutions réglementaires. Ainsi, la revente d'une officine de pharmacie peut

> Le monopole des notaires date de l'époque de Saint Louis. Leur répartition est contrôlée par l'État : Une étude pour 14 000 habitants.

être compromise si l'évolution de la population locale ne justifie plus son implantation.

Le privilège des bouilleurs de cru

Certaines professions sont héritées du père ou de la mère, en particulier les professions pour lesquelles le droit à l'exercice ou la charge est légalement transmissible (le célèbre privilège de bouilleur de cru... ou les exploitations ostréicoles). Pour d'autres, c'est la renommée médiatique ou professionnelle, partiellement transmissible, qui porte vers la réussite. Ainsi, sept firmes du CAC 40 sont dirigées par les fils de leurs ex-patrons. Les exemples les plus visibles sont les carrières politiques, artistiques ou médiatiques. Chaque pays, suivant son histoire et sa culture, transgresse ainsi les règles de la compétence nécessaire pour une tâche donnée. Ces exceptions culturelles sont encouragées dans les professions où il n'y a pas de sanction par les résultats. Elles sont aussi facilitées lorsque les règles de l'art, sur lesquelles s'appuient les législations qui sanctionnent les fautes, sont floues ou inexistantes.

Le ticket d'entrée

Les conditions d'accès, même lorsqu'il s'agit d'un diplôme, peuvent être très différentes d'un pays à l'autre. Ainsi, compte tenu de la grande sélection à l'entrée dans les écoles vétérinaires en France, nombreux sont les candidats vétérinaires qui ont poursuivi leurs études en Belgique. Le retour en France est facilité par l'harmonisation européenne des diplômes. La fluidité croissante des flux de professionnels entre pays pose à nouveau le problème de la qualité de la formation et de la compétence.

La difficulté de l'évaluation du résultat n'est pas protectrice pour le client.

Certains pays exigent une formation sanctionnée par un diplôme pour exercer une activité donnée, d'autres pas. Ainsi, les Pays-Bas imposent une formation de gestion à la plupart des personnes qui créent une entreprise, limitant ainsi les risques de dépôt de bilan. Dans certains pays, la libéralisation du secteur médical a permis à nombre de médecines alternatives d'avoir pignon sur rue sans formation médicale. Si, en France, les homéopathes restent médecins, les ostéopathes ne le sont plus obligatoirement.

La plupart des artisans ne peuvent s'installer ou travailler que s'ils disposent d'une formation dans ce secteur d'activité, sanctionnée par un certificat d'aptitude professionnelle ou un brevet.

Le retour en force des métiers

On observe, dans la plupart des métiers, la mise en place d'organismes internationaux visant à normaliser les pratiques et les parcours, et à instituer une reconnaissance par les pairs. Ces dynamiques pourraient redonner leur force de lobbying aux métiers. Elles visent à établir des règles internationales d'accès aux pratiques professionnelles, et des contre-pouvoirs pour le respect des règles de l'art. Les conflits opposant les différents thérapeutes des désordres mentaux, psychiatres, psychanalystes, psychologues, illustrent la difficulté d'une évaluation des résultats et des méthodes.

La pondération fiscale

Nombre de professions disposent d'avantages fiscaux directs ou déguisés, qui peuvent influer considérablement sur la rémunération finale. Les plus connues, journalistes, pilotes d'avion, ne sont pas nécessairement les plus choyées par l'État. Sujet d'actualité, la différence entre les taxes sur la vente à emporter ou restauration rapide (5,5 %) et celle qui frappe les restaurateurs (19,6 %) induit une distorsion importante sur les bénéfices. Elle a contribué à la cessation d'activité de nombreux restaurateurs. On notera de même que la TVA sur les aides auditives est de 5,5 %, alors que celle qui porte sur les lunettes est de 19,6 %.

Pour connaître ces exceptions, commencez par lire un guide du contribuable avec attention. La plupart des exceptions y sont explicitement citées.

Les fruits de l'action collective

Les mécanismes qui entretiennent la richesse d'une profession sont parfois tout à fait biaisés par rapport au sens commun. C'est le cas lorsque les coûts sont pris en charge par des organismes sociaux ou autres sans contrôle, ou selon une règle non financière. Ainsi, les vendeurs de matériel médical ont largement bénéficié des remboursements de soins qui permettaient à tout patient, pour certaines pathologies, de choisir le meilleur produit sans incidence financière directe. Les nouvelles règles de remboursement des actes, inspirées des régimes allemands, tendent vers une indemnisation standard selon la pathologie.

Elles vont induire un mouvement rapide vers l'achat de dispositifs médicaux sur les marchés émergents, moins onéreux.

Identifiez celui qui paye le produit ou service que vous souhaitez vendre. Ce n'est pas toujours le bénéficiaire du produit ou du service. Identifiez aussi quel bénéfice secondaire l'acheteur peut tirer de votre produit ou prestation.

Partez à la chasse aux opportunités

La distorsion significative entre la rémunération, l'importance de la formation nécessaire ou les risques civil ou pénal des métiers a ouvert des niches lucratives. À vous de choisir en toute connaissance de cause. Attention, les opportunités d'hier ne sont pas celles de demain. Faut-il, là encore, devenir initié ? Suivez l'actualité législative. Les lois d'aujourd'hui désignent les opportunités de demain.

Avant toute décision, examinez lors d'un premier parcours Internet les conditions d'accès au métier que vous envisagez (formation initiale ou continue), son coût, la législation (voir la jurisprudence et les lois relatives à ce métier), les rémunérations moyennes annoncées par les organismes professionnels.

Franck est restaurateur à Paris. Diplômé d'une école de restauration, il a acheté un premier fonds, puis un second dans une grande ville. Travailleur acharné, il réussit et amortit les charges. L'an passé, il a tout vendu. Aujourd'hui, avec un ami, il vend des portails en fer forgé haut de gamme. L'afflux de commandes l'a conduit à contribuer à la soudure. Il est satisfait de sa nouvelle vie. Il ne se lève plus à quatre heures du matin.

Éric, lui, était artisan carreleur. Constatant la demande en béton préparé, il investit dans une benne à béton. Aujourd'hui, il fournit nombre de chantiers. Il court le monde pendant ses week-ends. Il est le premier surpris du développement de son affaire et envisage l'achat d'une seconde benne.

Attention, là encore, confrontez les sources d'information, car certaines branches professionnelles peuvent continuer à afficher des chiffres d'affaires moyens attractifs, qui ne sont plus atteints par les nouveaux entrants, compte tenu de l'évolution de la législation ou des coûts d'installation.

Faites jouer la concurrence entre pays

La rareté des compétences dans un pays donné peut permettre des carrières notablement plus rapides. À l'étranger, les conditions d'accès aux métiers peuvent évoluer brutalement. C'est le cas de l'accessibilité des médecins français aux USA, récemment libéralisé compte tenu de la rareté de la ressource (études longues et onéreuses, risques personnels importants, assurances très chères). Mais c'est aussi le cas des charpentiers ou des boulangers français expatriés aux USA, dont les rémunérations sont singulièrement plus attractives qu'en France.

Changez d'emploi

19

Mais voilà, tout l'monde n'a pas son siège
Comment on monte et comment on s'protège.

Alain Souchon

Votre entreprise bat de l'aile, le chiffre d'affaires baisse et les dettes s'accumulent. La concurrence s'installe sur votre secteur d'activité, organisant un dumping auquel votre entreprise ne peut faire face. Parfois, vous avez la perception claire que la haute direction saborde volontairement les capacités de production ou d'adaptation au marché de votre site. Il est temps de faire le point sur vos compétences professionnelles et de chercher un autre emploi. Dans la course au reclassement, l'avantage est à ceux qui partent les premiers. Ceux qui s'accrocheront à leur situation professionnelle et personnelle sans envisager de redistribution des cartes seront les grands perdants.

Tout emploi, qu'il soit dans une petite ou grande société, comporte des éléments factuels et rationnels, et une partie « molle » qui relève de l'humain.

Changer d'emploi impose une analyse des avantages et inconvénients actuels, autant que des améliorations possibles dans chaque domaine. Attention, l'image médiatique de qualité de vie dans les entreprises peut être complètement surfaite. Un rapide examen de la jurisprudence des prud'homales vous éclairera.

Les aspects matériels sont facilement identifiés :

- les rémunérations ;
- les avantages divers (âge de la retraite, mutuelle, comité d'entreprise, crèches, retraite complémentaire, chèques-restaurants, cadeaux) ;
- les congés, la liberté de les prendre aux périodes voulues ;
- le temps réel de travail rémunéré (déplacements, interruptions journalières, pauses) ;
- les obligations spécifiques au métier (astreintes ou travaux hors jours ouvrés, déplacements…) ;
- les objectifs à atteindre (et les pénalités financières potentielles) ;
- la qualité de l'organisation de l'entreprise ;
- la gestion des ressources humaines (temps de formation, mobilité fonctionnelle et géographique, progression de carrière) ;
- les contraintes liées aux activités ;
- les organismes de régulation nationaux et internationaux de l'activité ;
- le poids de la législation ;
- les conditions sanitaires (matières toxiques, légionelles…),

etc.

Depuis l'avènement des normes ISO, la plupart des entreprises sont dotées d'un manuel qualité et de procédures d'organisation des activités. Ces manuels ne sont pas toujours le reflet de la réalité quotidienne. Ils ne sont pas toujours à jour des dernières réorganisations, mais ils situent très clairement chaque activité par rapport aux autres.

Dans les meilleurs cas, ils précisent les exigences métier qu'il convient de respecter (les maîtrisez-vous ?) et les « livrables » attendus, c'est-à-dire la forme que prend le travail finalisé. Si votre interlocuteur ne peut vous préciser ces éléments, soyez prudent. Dans aucun cas, il ne peut les méconnaître, mais il peut vouloir dissimuler une difficulté réelle. Si vous avez déjà accepté, votre première réaction sera de consulter ces documents et de faire le point.

Du côté humain, vous évaluerez :

- l'équipe ;
- l'ambiance de travail ;
- les priorités (vite, ou bien, ou le moins cher) ;
- la nature des formations initiale et continue ;
- la reconnaissance (comment elle s'exerce) ;
- la façon de travailler (seul ou en équipe multidisciplinaire) ;
- la responsabilité personnelle ;
- la stabilité géographique ;
- les outils d'appréciation de la performance personnelle ;
- les réseaux (personnes rencontrées hors de l'équipe).

Missions impossibles

Nul ne sort indemne des missions impossibles ou des situations perversement inextricables. Établissez la liste de quelques attentes de base que vous devrez satisfaire avant d'accepter un emploi. Les missions impossibles ont tendance à se multiplier du fait de la complexité des organisations matricielles dans lesquelles la plupart des organisations s'inscrivent. Mais parfois – assez souvent – vous n'aurez pas le choix de refuser. Dans ce cas, préparez-vous le mieux possible pour traverser ce temps professionnel.

Le poste est vide, cela signifie que le titulaire précédent est parti ou va partir. Rencontrez-le pour qu'il vous parle de son emploi. Selon l'entreprise, selon le poste qu'il va occuper ensuite, l'ancien titulaire vous donnera un point de vue réaliste ou pas. Dans tous les cas, ouvrez le dialogue sur les objectifs à tenir, les méthodes, sur ce qui est facile et ce qui l'est moins. Observez l'état de son bureau. Les piles de dossiers amoncelés vous informeront mieux qu'un long discours sur le volume d'information à brasser. Demandez à consulter quelques livrables types. Votre œil professionnel identifiera immédiatement les principales difficultés.

Le poste vient d'être créé. Il répond à un besoin externe (nouveau produit, nouveau marché) ou à des difficultés internes identifiées. Là encore, au-delà du discours, appréciez les challenges réels du poste considéré en vous appuyant sur les éléments factuels (zone géographique, présence sur le terrain, mode de déplacement, objectifs à atteindre).

Demandez s'il existe une plaquette ou un document accessible sur le produit et l'organisation mise en place.

Retour à l'ISO

Tous les éléments factuels sont inscrits d'une manière ou d'une autre dans l'organisation qualité. « *Canada dry* » ou pas, ces éléments seront des points de passage imposés, même si une organisation réelle plus souple fonctionne dans le quotidien. Plus la réalité est éloignée du processus type, plus l'exercice de mise en cohérence sera difficile à réaliser. Si vous êtes déjà dans l'entreprise, il est impératif de consulter le manuel d'organisation relatif à ce nouveau poste, ainsi que les démarches d'amélioration ou les signaux de non-qualité déjà identifiés sur cette activité.

Internet vous fournira une mine d'informations sur l'entreprise dans laquelle vous souhaitez rentrer. Cette réalité virtuelle, mise en scène par l'entreprise à l'intention de ses clients et de ses actionnaires, est également destinée à ses concurrents. Elle reflète aussi les aspects politiques de l'activité (déchets nucléaires, médecine, bâtiment).

C'est la manière dont l'entreprise fait face à ces obligations et ces challenges en interne qui déterminera les conditions de travail. Ainsi, l'application immédiate d'une nouvelle législation imposera par exemple de nouvelles contraintes, une nouvelle organisation, des changements culturels...

Votre objectif personnel

Dans tous les cas, cette nouvelle étape de votre vie professionnelle doit enrichir votre parcours et votre CV. Elle doit aussi être en cohérence avec le parcours que vous avez envisagé à moyen et long terme.

Malgré les difficultés du marché de l'emploi, cette étape de réflexion reste indispensable pour ne pas se jeter dans la gueule du loup. N'hésitez pas à recourir à un conseil extérieur qui vous aidera à faire le point !

Allégez la barque

20

Chacun de nous est prisonnier de ce qu'il possède.

Statistiques INSEE 2004 : Dans l'ensemble des régions françaises, le taux de mouvements de main d'œuvre en 2004 a été de 38 % environ. Il varie selon les régions, entre **26 %** pour le Limousin à **67 %** pour la Corse.

ILE-DE-FRANCE	CHAMPAGNE-ARDENNES	PICARDIE	HAUTE-NORMANDIE	CENTRE	BASSE-NORMANDIE	BOURGOGNE	NORD-PAS-DE-CALAIS	LORRAINE	ALSACE	FRANCHE-COMTE
38	37	37	28	31	31	34	31	32	37	27
PAYS DE LOIRE	BRETAGNE	POITOU-CHARENTES	AQUITAINE	MIDI-PYRENEES	LIMOUSIN	RHÔNE-ALPES	AUVERGNE	LANGUEDOC-ROUSSILLON	P.A.C.A.	CORSE
43	46	37	43	45	27	36	34	53	55	67

(Mouvements pour cent salariés présents en début de période)

Tout concourt aujourd'hui à promouvoir le salarié nomade, jetable sans aucune procédure ni garantie de recours. Serait-il condamné à changer de ville, de région, de métier, de ville, voire de pays, pour conserver un emploi ? L'innovation technologique permanente entraîne chaque jour des entreprises florissantes vers le déclin, et avec elles tous leurs salariés. Dans ces conditions, comment construire un couple, une famille, tisser un lien social, s'engager dans la vie associative locale ? Il s'agit d'un enjeu de société. Il pourrait, il devrait être pris en charge au niveau politique par la création d'un pacte social ou d'un statut du travailleur qui dépasse celui de salarié.

Les revenus des ménages sont désormais la plupart du temps assurés par les deux conjoints. La mobilité professionnelle de chacun a pour contrepartie immédiate l'éclatement de la famille. Le maintien à domicile d'un des partenaires, s'il est envisageable financièrement, pénalise et fragilise celui qui ne travaille pas, que ce soit en cas de rupture du lien marital ou en cas de décès.

L'enjeu de vie est de taille, chaque salarié doit prendre en compte cette nouvelle dimension. Écartelé entre ses deux obligations, familiale et professionnelle, affective et financière, il vit une angoisse permanente.

L'impact financier des déménagements

Ventes de maisons, frais de notaires, frais d'agence, déménagement, les dépenses incontournables s'additionnent. Un déménagement coûte environ 5000 euros, sans compter les frais de vente et d'achat d'un nouveau logement. Or, la richesse des ménages provient autant des plus-values immobilières que des salaires. Dans ce contexte, les mobilités géographiques ne sont pas toujours des stratégies gagnantes.

Avoir une maison ou pas

Nombre de salariés, conscients de l'importance de la mobilité sur leur carrière, choisissent d'être locataires à vie et investissent dans une maison pour leur retraite. Avec leurs enfants, ils y tissent, au fil des années, les liens sociaux indispensables.

Internat ou pas

Les militaires et les diplomates disposent quant à eux d'internats de qualité, qui permettent à leurs enfants de poursuivre une scolarité dans un environnement stable et protecteur, alors que le couple est amené à parcourir le monde. Ces opportunités ont, hélas, un coût lorsque l'employeur n'organise pas l'accueil des enfants de ses salariés nomades. Nombre d'internats publics français sont fermés le week-end, ce qui implique une proche présence de la famille.

Décoration personnelle ou pas

À l'évidence, les salariés qui attachent de l'importance aux objets, à ce qu'ils possèdent, seront plus fragiles que les autres. Pourtant, les journaux de petites annonces et les sites de revente d'occasion permettent de faire peau neuve à moindres frais. Reste la dimension affective et l'impression de sécurité apportée par les objets familiers. La maison et sa décoration restent un facteur important d'identité sociale.

Apprenez la mobilité

Rappelons-nous une époque pas si lointaine où les grandes entreprises – mines, aciéries, pneumatiques – ont fidélisé leurs salariés en leur proposant des logements, tous identiques, à la peinture des volets près. Chaque année, les enfants étaient accueillis dans des classes dont la majorité des élèves était issue de familles nomades. Ils savaient reconstituer rapidement leurs liens, et ne se trouvaient pas en butte à un noyau dur de sédentaires ancrés dans leurs avantages acquis. Dans ces entreprises, c'est la stabilité de l'emploi et des conditions de travail, la dimension familiale de l'entreprise qui assurait la stabilité psychologique, sociale, financière et culturelle. Aujourd'hui, l'individualisme et la volonté d'autonomie ont entraîné un rejet des ces structures « paternalistes ». Mais la liberté se gagne au dépend de la sécurité.

Partir ou rester – Ne vous endormez pas !

La culture de l'adaptation et de la mobilité est une force indéniable. Deux désirs s'affrontent toujours, voire deux besoins. Il est des temps pour partir : enfants petits ou partis, divorce, chômage du conjoint. Il est des temps pour rester. Dans nombre de professions, l'étape mobilité internationale va devenir incontournable. Observez les parcours gagnants !

La mobilité et la stabilité se déclinent à plusieurs niveaux d'identité. L'harmonie entre les deux ne peut être réalisée que si l'employeur, le politique, le salarié assument chacun le rôle qui leur revient. Le risque est grand que nos entreprises mondialisées utilisent le travailleur en tant que de besoin. Les règles financières se soucient peu de la dimension sociale de la famille. Des millions de jeunes chinois travaillent dans des entreprises éloignées de leurs familles. Leurs conditions de travail excluent toute vie familiale, voire même de couple. À chaque pays son histoire...

La découverte ou l'ignorance

Si « partir, c'est mourir un peu », partir, c'est aussi ouvrir la porte à une autre vie, à d'autres cultures, d'autres comportements. Peut-on encore ignorer l'« ailleurs » ? Cette découverte précoce, obligatoire pour tous les jeunes de milieux aisés, soutenue par les échanges du type Erasmus, donne une véritable assise à l'identité. C'est en se confrontant à l'autre que l'on découvre ce que l'on désire vraiment. C'est ainsi que les enfants issus de familles composées de deux parents de nationalité différente héritent de capacités d'adaptation qui leur donnent un avantage professionnel indéniable.

Avoir des enfants ou pas

Profiter de la vie ou la donner ?

Aujourd'hui, le coût financier de l'enfant autant que les contraintes d'organisation personnelles et professionnelles qu'il implique rendent le poids de l'enfant incompatible avec nombre de situations professionnelles.

Dans le même temps, l'enfant limite les revenus et le temps disponibles pour la vie personnelle, entraînant une vraie rupture des modes de vie entre parents et non-parents, et l'adhésion de moins en moins de volontaires. La tentation est grande, pour les hommes, de se lancer tardivement dans l'aventure de la paternité, quand l'essentiel des enjeux financiers et professionnels est dépassé. Pour les femmes, l'horloge biologique rythme encore les choix, ou le renoncement définitif.

La famille a-t-elle un intérêt économique ? La création de nouvelles mains-d'œuvre nationales est-elle une nécessité, lorsque la main-d'œuvre étrangère est pléthorique ? Le maintien des familles est un fardeau dont la responsabilité ne peut être assumée par les seuls membres de celle-ci. Elles ne survivront pas sans l'aide des politiques et des entreprises.

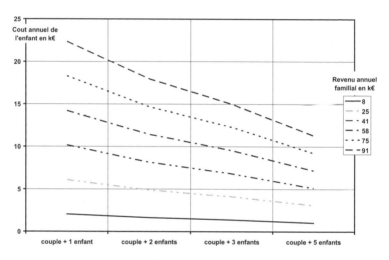

Coût financier des enfants selon les revenus de la famille
(Source Union des familles en Europe)

Nos jeunes commencent à entrevoir que la famille est une option de vie que les solidarités amicales peuvent remplacer plus souplement. Quant aux familles recomposées, elles témoignent déjà des parcours de vie diversifiés, contrepoint fréquent des obligations professionnelles. La famille est ainsi rentrée dans la catégorie des produits jetables, à reprendre en occasion, comme le frigo, le buffet de grand-mère et les portraits des ancêtres.

Utiliser les bras de leviers individuels ou collectifs

Chaque salarié peut cependant promouvoir ses choix, en tant que salarié avec l'appui des syndicats, en tant que citoyen avec son bulletin de vote, en tant que consommateur avec son portefeuille, pour orienter les entreprises et les législations vers une prise en charge des exigences professionnelles et familiales. Les nouvelles législations et les normes sur la responsabilité sociale des entreprises nous permettent déjà d'y voir plus clair. Mais les salariés européens n'ont pas encore décidé d'utiliser massivement leur pouvoir en tant que consommateurs.

En tant que salarié, c'est la compétence qui permet de faire des choix tout au long de la vie. Cette pression par l'équilibre de l'offre et de la demande n'est hélas accessible qu'à ceux qui offrent des compétences rares sur le marché de l'emploi.

Suivons la piste des générations passées !

Certains peuples nous ont donné des exemples de mobilités imposées, mais réussies. Les Bretons et les Irlandais ont émigré massivement vers les États-Unis dans les périodes de famine. Les Polonais et les Portugais ont également su trouver une place dans d'autres pays. Les Libanais ont démontré, quant à eux, un art consommé de la vie internationale. Aujourd'hui, ce sont les enfants de ces familles internationales qui sont les mieux armés, tant linguistiquement que culturellement, pour assumer la mobilité.

Diogène et le tonneau

Si, pour vous comme pour nombre de salariés, la sérénité professionnelle réside dans l'aptitude à la mobilité, vous devrez vous détacher autant des biens matériels que de vos habitudes de vie. C'est le message de Diogène. Mais cette errance sera d'autant plus acceptable que vous aurez su organiser votre fin de parcours, tant au niveau relationnel qu'affectif ou financier. Car Diogène est mort avant d'avoir vieilli. Mort d'avoir dédaigné le confort, jusqu'à la cuisson d'une pieuvre toxique.

L'identité en pelure d'oignon

Si vous pouvez vous ancrer dans un futur choisi, au terme professionnel, vous pourrez mieux accepter et gérer ces pertes d'identités et de repères successifs. Débarrassé des regrets, vous pourrez intégrer les évolutions successives comme autant d'étapes enrichissantes, de pelures protectrices...

Vieillissez au travail

21

« Les jeunes dans la galère, les vieux dans la misère »

Slogan des jeunes manifestants au CPE - mars 2006

Vous pensiez avoir déjà tout vécu, et répondu à tous les challenges. Faux ! Tout faux ! Quand on avance en âge, les règles changent : moins de formation, moins d'information, mais de nouvelles tâches dans un contexte que vous ne connaissez pas. Ce sont de nouvelles pratiques ou de nouvelles techniques. Vous voudriez bien être traités, comme les jeunes pousses, celles qui ont un avenir : petits déjeuners avec la hiérarchie, visites d'installations, formations intensives… l'entreprise investit sur son avenir. Vous, vous n'avez que du passé à offrir, et de l'expérience (c'est vous qui le dites !).

Il ne serait pas original de souligner que nous sommes très inégaux devant l'âge. C'est une réalité biologique d'une part, une conséquence de la gestion du corps tout au long de la vie d'autre part.

On peut être vieux dans son corps, ou vieux dans sa tête, ou les deux. L'âge de la vieillesse est spécifique à chaque culture. Ainsi, un ingénieur de cinquante ans envoyé en Chine pour une mission de conseil aura du mal à convaincre son futur employeur du fait de son « jeune » âge.

La vieillesse dont nous parlons dans l'entreprise semble d'une autre nature. Elle s'inscrit dans la vision statistique de la pyramide des âges. Elle se consolide par les évolutions de salaire à l'ancienneté. La gestion des hommes est macroéconomique, guidée par des batteries de mesures et d'indicateurs : la moyenne d'âge du personnel, le pourcentage de personnes susceptibles de partir à la retraite dans N années, etc.

Ces chiffres reflètent assez rarement les compétences de chaque population, encore moins le temps nécessaire pour acquérir une expérience équivalente. Au vu de ces statistiques, tous les individus sont égaux et toutes les compétences indifférenciées. Ensuite, l'entreprise tiendra compte de ses propres objectifs : remplacer tous les techniciens par des ingénieurs diplômés ou l'inverse, abaisser la masse salariale en embauchant des jeunes à la place des anciens, etc. Dans les grandes entreprises, compte tenu de l'inertie, ces objectifs peuvent être inversés dans les années qui suivent.

Souriez !

Ni votre âge, ni vos compétences ne sont en question ! C'est seulement la position de votre date de naissance par rapport à ces évaluations statistiques qui est en cause. Inutile, dès lors, de rechercher à faire plus jeune, de se former compulsivement aux dernières techniques ou de s'adapter à la culture « djeun ».

N'oubliez pas ! Votre âge fait de vous le fruit d'une culture de génération et d'un mode d'éducation. Cette éducation a structuré votre cerveau d'une certaine façon. Ainsi, les enfants qui ont appris à lire avec une méthode syllabique n'ont pas la même structure mentale (analyse, découpage, fractionnement, déduction) que ceux qui ont appris avec une méthode globale (association, essais successifs). De même, un cerveau pétri de mathématiques n'aura pas la même démarche face à une situation donnée (hypothèse, démonstration, conclusion, règles de fonctionnement général appliquées au cas particulier, intuition sur les concepts) qu'un cerveau formé par apprentissages pratiques (essais successifs, intuition de fonctionnement, idées d'amélioration).

Une classe d'âge donnée pense de manière synchrone. Quant aux jeunes embauchés, c'est une classe de martiens qui peu à peu prend pied dans votre entreprise. Au fil des années, les réunions vous semblent surréalistes : les questions qui sont posées, la manière dont le groupe tente d'y répondre... Quant aux solutions élaborées en parfait consensus, elles vous semblent totalement inadaptées au problème posé, voire dangereuses au regard des règles que vous suiviez jusqu'alors.

Dans un premier temps, vous réagissez pour apporter le fruit de votre expérience. Cependant, vous comprenez rapidement que vous ne serez pas entendu, mais considéré comme un râleur impénitent, un esprit négatif. Peu importe que vous ayez raison ou tort. Il y a des modes dans le business, et même la production, qui sont des oukases. Jusqu'à la prochaine mode. Comme les chapeaux, la mini-jupe ou les ventres découverts !

Gardez votre structure mentale !

C'est elle qui fait votre force et votre efficacité ! Si vous n'êtes pas mathématiques modernes, lecture globale ou jeux vidéos, pas d'inquiétude... Les jeunes en reviennent déjà ! C'est une activité épuisante pour un cerveau que de traduire en permanence un système de pensée dans un autre. Cela revient à construire un nouveau cheminement du cerveau sur chaque problème !

Compétences à revendre !

À vous de trouver la mission, l'activité qui fera de votre expérience une valeur ajoutée essentielle. Ainsi, certains anciens ingénieurs et techniciens, spécialistes d'installations vieillissantes montent des entreprises de services de maintenance en embauchant leurs anciens collègues, afin de poursuivre l'exploitation des vieux systèmes, inconnus des jeunes générations.

Si vous êtes une femme, l'âge s'inscrit encore plus fortement dans la capacité de séduction et dans les codes vestimentaires. C'est pourquoi les femmes qui souhaitent poursuivre leur carrière portent une attention particulière à leur look, aidées en cela par nombre d'agences spécialisées dans les femmes de quarante à soixante ans. Cette différentiation par le plumage est beaucoup moins prégnante chez les hommes. Ils pourront rester fidèles à leur costume et à leur marchand de chemises. Pour les femmes, l'avancée en âge entraîne donc des coûts de mise à niveau vestimentaire croissants, voire parfois l'obligation de se soumettre à la chirurgie esthétique si la relation avec le client est une part importante de leur activité.

Une cliente dynamique soulignait combien sa mère lui avait donné des leçons de vie. Retraitée disposant d'un petit revenu, elle avait trouvé un nouveau travail. Elle s'occupait des personnes âgées. Ce n'est que quelques temps plus tard que j'ai appris que sa mère avait elle-même quatre-vingts ans !

Dans l'esprit de la non-discrimination inscrite dans les lois, vous n'avez pas à vous soucier de votre apparence. Dans la réalité, si le relookage aide les femmes à conserver leur emploi ou à en trouver un autre, je n'ose appeler cela **un effet pirouette** !

Notre évolution en âge ne se fait pas de manière continue. Il y a des étapes, des temps de croissance et des temps de maturation. Ainsi, chaque être humain est soumis à un cycle de vie. Dans une présentation classique, sept étapes rythment l'existence, chacune étant séparée de la précédente par une période de transition, plus ou moins facile, ou une crise qui permet d'entrer dans l'étape suivante.

L'âge de six ans correspond à la petite enfance et la maturation du cerveau. L'enfance, jusqu'à douze ans, couvre l'acquisition des premiers outils (écriture, lecture...). La période de l'adolescence est caractérisée par l'apprentissage de la socialisation et la confrontation au monde des adultes. C'est à cet âge que le développement cérébral du cortex préfrontal permet l'anticipation, la projection, le retrait... L'âge adulte s'ouvre avec l'entrée dans la vie professionnelle, la mise en œuvre des rêves et des projets de vie. Après quarante ans vient le temps du bilan entre les rêves et la réalité, le décompte de ce qui a été effectivement réalisé. Jusqu'à soixante ans, ce sera le temps de la consolidation.

Aujourd'hui, ce déroulement est souvent perturbé par les contraintes économiques (les jeunes restent plus longtemps en famille) ou démographiques (entraînant un recul de l'âge de la retraite).

Dans ce contexte, les travailleurs de cinquante ans sont particulièrement malmenés. Ils sont remis en question dans leurs pratiques professionnelles par les jeunes nouvellement formés qui deviennent, à tort ou à raison, la nouvelle référence professionnelle de l'entreprise. Côté vie privée, ils soutiennent les enfants durant leurs études, assistent la génération précédente dont la capacité d'adaptation, les forces et les moyens de survie diminuent. Ce sont eux qui prennent en charge les petits enfants.

Cette multiplication des problèmes supportés par une même classe d'âge est un fait nouveau. Il a des répercussions importantes sur le monde du travail et l'activité professionnelle. Outre la charge matérielle – ce sont eux qui contribuent par leurs impôts à financer l'organisation sociale, l'éducation des jeunes et la qualité de vie des anciens – ces seniors de l'entreprise ont l'obligation de s'adapter à la société montante des jeunes tout en y insufflant ce que l'expérience passée leur a apporté. Ce rôle charnière, à la frontière du passé, du présent et du futur, se conjugue bien souvent avec une instabilité professionnelle croissante.

Soyez réaliste

Malgré le discours, les discriminations du fait de l'âge sont rarement explicites. Dans les entreprises, les anciens occupent des postes convoités, et leur départ contribue à l'évolution des plus jeunes. Il diminue aussi la masse salariale, la pyramide des âges, la résistance au changement. Même les plus humanistes vous verront partir sans larmes. Personne ne se battra pour votre évolution de carrière. Regardez autour de vous et organisez votre stratégie de fin de carrière au mieux. Ne refusez pas les opportunités si vous ne pouvez vous satisfaire de l'étape atteinte : il n'y aura pas de nouvelle donne.

Faites-vous plaisir !

Votre carrière est désormais derrière vous, il n'y a plus de risque. Si vous en avez l'occasion, n'hésitez pas, consacrez vos dernières années à un job dont vous avez pu rêver !

Préparez-vous au licenciement 22

Elle a dû faire toutes les guerres
Pour être si forte aujourd'hui
Elle a dû faire toutes les guerres
De la vie.

Francis Cabrel

Soirée direction. Restaurant élégant, sourires convenus. Heureux... ou presque. « Monsieur X..., il rejoint notre équipe de direction. Il s'occupera dans un premier temps des dossiers transverses pour se familiariser avec notre activité. » Et en second temps ? Sur quelle chaise atterrit-il ? Quelle formation a-t-il ? Monsieur X... vient de Bordeaux, il connaît personnellement Untel. Tout le monde a compris. Golden Parachute ! Quelques phrases plus tard, le vaincu a deviné son sort... Il aura du mal à sourire jusqu'à la fin de la soirée.

Il y a toujours un temps, des signaux faibles (non-invitation à certaines réunions, oubli de votre nom sur une liste de diffusion...) ou forts (annonce d'un plan social), arrivée d'un jeune au profil adéquat ou d'un outsider au profil en béton, qui font qu'un salarié sent qu'il est condamné à terme. Le compte à rebours, consommateur d'énergie, commence ! Le pire serait de refuser la réalité. Toutes affaires cessantes, explorez avec pragmatisme les alternatives possibles : concurrence, retraite, licenciements économiques, formation, création d'entreprise. Tant que la fin de la collaboration n'est pas signifiée, l'exercice de la profession et les contacts qu'il procure permettent encore des choix. Ils ouvrent des portes qui se fermeront peu à peu au chômeur. C'est aussi un temps où la prudence est de règle pour éviter la faute professionnelle, sortie idéale du point de vue de l'employeur.

Anticipez les changements !

Les solutions palliatives mises en place dans l'urgence d'un licenciement, ou sous la pression financière d'une trésorerie familiale en déroute, auront du mal à être optimales. Elles auront également du mal à être pérennes. Comme les cadres dynamiques qui planifient leur carrière dès la sortie de l'école, sachez, dès l'entrée dans un emploi donné, ce que vous ferez ensuite, ce que vous ferez si. Programmez votre parcours de sortie, à la fois professionnel et personnel. Car c'est toute votre famille qui est concernée par votre évolution. Il est prudent d'imaginer plusieurs possibilités, ou d'anticiper certains coups comme aux échecs ou au billard. Ces dispositions incluent la formation que vous allez solliciter, les contacts que vous allez prendre dans votre activité professionnelle. En un mot, il n'y a pas de meilleure situation pour chercher un emploi que d'en avoir déjà un. N'ayez aucune illusion sur la pérennité de votre emploi actuel au-delà de trois ans !

Gérez vos peurs

En cas de perte d'emploi, le compte à rebours vous donne, au plus, deux à trois mois. Le challenge est donc d'accélérer les étapes qui dépendent de vous. Le temps de réaction psychologique et de sidération en fait partie. Un accompagnement externe par un médiateur, un psychologue, un délégué du personnel formé, un coach, permet de sortir de l'enlisement émotionnel en s'appuyant momentanément sur l'énergie et le désir de l'autre. Dans cette perspective, ceux qui ont déjà eu à gérer une situation identique sont à la fois plus faibles et plus forts.

Ils seront plus faibles parce que les peurs et les mécanismes de survie se sont déjà inscrits dans leur cerveau. La situation nouvelle risque de raviver les anciens circuits et d'ajouter le poids du passé à la situation actuelle. Ce mécanisme inconscient ne doit pas être sous-estimé. Interrogez-vous sur les événements précédents : en quoi la situation actuelle leur ressemble-t-elle ? En quoi est-elle différente ? Le rappel à la conscience de ces épisodes passés permet d'en gérer au mieux les effets « élastiques ».

Libérez les contraintes

Nous sommes tous prisonniers de ce que nous possédons, de ceux que nous aimons. Nous sommes également prisonniers de nos désirs. Ainsi, la maison familiale, l'environnement de la famille, les enfants, vont jouer un rôle essentiel dans la recherche de solutions alternatives.

D'autres constructions sont possibles et viables. Il s'agit seulement de gérer son changement et celui des autres. Ne pas oublier que les solutions retenues impliquent tous les acteurs de la famille, mais que vous êtes le seul à avoir le dos au mur.

Après la guerre ou juste avant, des milliers de personnes ont choisi de s'expatrier, de rechercher une chance dans un autre pays. Avons-nous perdu cette capacité d'adaptation ?

Cherchez des solutions en famille

Sans impliquer forcément les enfants dans toutes les phases, il est bon d'envisager rapidement un « *brainstorming* » familial. Il permet à chacun d'imaginer son projet et de l'intégrer dans le projet de mutation global. C'est parfois l'occasion rêvée pour l'enfant d'envisager son indépendance.

Mais il n'est pas toujours facile pour l'adulte en difficulté d'accompagner les autres dans leur développement.

Anticipez la perte d'emploi !

Et si vous acceptiez dès maintenant l'idée de perdre votre emploi ? Et si vous faisiez comme si ?

Et si vous commenciez à faire, ne serait-ce qu'une seule fois, pour deux heures ou le temps d'un week-end, quelque chose que vous n'avez jamais fait, jouer un rôle que vous n'avez jamais joué : vendre un produit dans une foire, fabriquer quelque chose ? Ces micro-expériences susciteront de nouvelles idées et vous laisseront moins démuni à l'heure du changement.

Évitez le « burn-out »[12]

23

> J'ai demandé à la lune
> De s'occuper un peu de moi.
> Elle m'a dit j'ai pas l'habitude,
> De m'occuper des cas comme ça !
>
> **Indochine**

Depuis quelques semaines, voire quelques mois, vous, le vaillant soldat de l'impossible, vous avez de plus en plus de mal à vous lever le matin. Comment vous décider à vous diriger vers vos activités professionnelles ? Est-ce le début de la semaine ou le milieu ? Le matin ou l'après-midi ? Bref, le temps occupé par votre activité professionnelle devient un bloc hermétique où même vous ne pouvez plus entrer.

Cette confusion du temps peut prendre des formes curieuses, comme d'être persuadé d'avoir déjà effectué une tâche seulement envisagée, rêvée ou l'inverse. Une confusion totale des stockages de la mémoire. Les psychiatres parlent de confusion temporo-spatiale.

---

12. En 1980, un psychanalyste américain, Herbert J. Freudenberger, sortait un livre sur un phénomène d'épuisement professionnel qu'il nomma « *burn-out* ».

Votre journée est donc occupée à compenser les insuffisances de votre mémoire. Vous avez perdu vos clefs, vous ne savez plus où vous avez garé votre voiture, vous avez laissé vos documents à la maison et presque toujours oublié votre dîner sur le gaz. Quant aux enfants, heureusement qu'ils ont une tête !

Arrivé sur votre lieu de travail, vous vous sentez littéralement assommé par les tâches à accomplir. Vous vous sentez incapable de décider par laquelle vous allez commencer sauf si quelqu'un vous met l'outil dans les mains. Vous travaillez dans l'urgence, dans un zapping permanent, sans plus prendre de temps de recul. Vous voyez de moins en moins votre famille et vos amis intimes. Vous ne pensez plus qu'à échapper à votre cerveau fatigué et à lui éviter toute nouvelle sollicitation.

Dans ce contexte, vous oubliez vos rendez-vous. Ou plus exactement, vous n'avez jamais intégré que vous aviez un rendez-vous. Les mois n'ont plus de signification pour vous et les anniversaires relèvent d'un challenge impossible. Vous avez déjà mis en place toutes les parades : le calepin, le mémento électronique, les post-it. Vous commencez à comprendre avec effroi ce que peut être la diminution des compétences mentales due au grand âge.

Les affaires s'accumulent sur votre bureau. Vous avez de plus en plus de mal à passer de l'une à l'autre avec l'aisance qui vous caractérisait. Chaque nouvelle affaire pèse comme un plomb dans votre cerveau. Mais lorsqu'on évoque auprès de vous une affaire traitée la semaine dernière, une réunion à laquelle vous avez assisté, dans laquelle vous êtes intervenu ou avez pris des décisions, votre cerveau est incapable d'en trouver la moindre trace. Comme si vous n'aviez pas été voir le film !

> *Pourtant, penché sur une affaire particulière, concentré sur cette difficulté, vous retrouvez parfois le plaisir de penser, de décider, de comprendre. Mais cela peut être aussi l'inverse. Interrogé sur un sujet dont vous êtes l'expert, vous ne trouvez plus rien à dire. Vous fouillez dans votre cerveau pour retrouver le fil qui va dérouler toutes les connaissances qui devraient vous permettre de répondre. Non ! Il n'y a rien ! Désolé !*

Ces signes ne sont ni nécessaires ni suffisants pour déclarer que vous souffrez de *burn-out*, car les manifestations de ce trouble varient grandement d'un individu à l'autre. Mais ils signifient que votre mémoire de travail est saturée. Elle n'est capable que de gérer une certaine quantité de situations différentes. Au-delà, comme tout ordinateur, elle déborde.

Un autre phénomène rentre également en jeu : l'accumulation des tâches à réaliser entraîne un stress stimulant qui permet d'augmenter la capacité du cerveau par une production accrue de neurotransmetteurs ou de neurohormones. Mais, à la longue, cette production s'épuise, et rien ne vient plus nourrir les connexions nécessaires à l'intégration de nouvelles tâches, de nouveaux automatismes.

Bref, comme le foie ou les reins, et malgré ses immenses capacités pas toujours utilisées, le cerveau peut présenter des signes de fatigue, ponctuelle ou pérenne. Multiplication des activités différentes, méthode de travail utilisée, qualité d'activité attendue, plusieurs facteurs peuvent contribuer à la fatigue mentale.

L'épuisement professionnel est une pathologie qui doit être prise au sérieux. Il peut devenir un vrai handicap d'insertion dans une nouvelle activité, et déboucher sur de véritables déséquilibres biologiques. Cette maladie est bien connue chez les étudiants des grandes écoles qui ne supportent pas l'intensité de l'entraînement.

Levez le pied

Surveillez les signes de fatigue et levez le pied, quelles que soient les pressions. Le *burn-out*, c'est comme le dérapage en voiture : au-delà d'un certain angle par rapport à la trajectoire, il est impossible de ramener le véhicule sur la route. Il s'agit d'un véritable dysfonctionnement du cerveau. Nous aimerions penser que cela peut passer vite, avec un peu de repos. Mais, au cœur de notre cerveau, certaines glandes productrices des neurohormones indispensables à l'équilibre intellectuel peuvent s'épuiser durablement.

Identifiez vos aspirations professionnelles profondes, vos modes de fonctionnement préférentiels et vos limites. Le *burn-out* est le signe d'un surmenage pour la tâche qui vous est confiée. Mais il peut aussi vous indiquer que votre cerveau n'est pas structuré – on dirait câblé – pour la manière dont ce travail est réalisé. Il peut être induit par la nature du travail lui-même.

Votre cerveau est malmené par ces exigences inhabituelles. Il produit un effort plus important que s'il avait intégré ces méthodes ou ces savoirs depuis longtemps, et les réalisait en fonctionnement quasi automatique. Ce qui vous semble naturel dans le cadre de la conduite automobile est tout à fait transposable à l'activité professionnelle.

Par exemple, si votre cerveau a besoin de la rigueur du mathématicien – hypothèses, démonstration, conclusion – pour résoudre, la tête dans les mains, des problèmes complexes, il se trouvera démuni pour réaliser, entouré d'une équipe aux compétences diverses, un bricolage provisoire plus ou moins efficace, mais qui résout temporairement et partiellement le problème.

Pour le moment, l'organisation des entreprises est totalement étrangère à l'organisation et aux modes de fonctionnement des cerveaux humains qui la composent et réalisent sa valeur ajoutée, même si une première étape d'approche psychologique a été franchie avec l'approche dite de « ressources humaines ».

Bonne pratique

Si votre activité professionnelle normale, indispensable pour le moment à votre pain quotidien, vous met le cerveau en bouillie, tentez de préserver sa structuration passée grâce à une activité complémentaire dans laquelle vos circuits peuvent fonctionner sereinement. Il y retrouvera la logique propre, les bases de connaissances et de méthodes qui l'ont construit.

Détendez-vous !

Vous pouvez donner des cours de mathématiques si les mathématiques vous détendent, vous inscrire dans un cours d'art plastique si vous êtes artiste ou cultiver votre jardin si vous êtes amoureux de la nature. Pour d'autres, s'investir dans la pêche au lancer en Haute-Loire sera complètement salvateur.

Au fil du temps, vous aurez l'impression de vivre avec deux cerveaux... Sensation un peu schizophrène. Mais, quel que soit le choix du dérivatif, vous serez plus à même de prendre du recul par rapport aux deux fonctionnements et de les accepter.

Lâchez prise !

Cette nouvelle répartition de vos investissements personnels soulagera déjà votre cerveau du combat interne. C'est un premier progrès. Le lâcher-prise n'est pas une capitulation, mais un acte volontaire. Il provoque toujours une réaction de l'environnement en retour. Soyez patient ! Procédez à quelques tests mineurs avant de passer à plus sérieux !

« Kaizenez »-vous !

Plus vous produisez et moins l'évidence d'une ressource complémentaire apparaît ! Pour ce qui est de la quantité d'informations, de la cadence de décision ou de réflexion qui vous sont imposées, rendez ce volume visible ! Classeurs, plannings, cibles. Tout ce qui se voit va dans le bon sens. Cette activité manuelle et structurante est par ailleurs positive pour votre cerveau.

Le Kaizen a été mis au point par les Japonais pour faciliter l'organisation avec des outils très simples qui ne mobilisent pas le cerveau. Par exemple, dans un entrepôt, on marque la zone de stockage de plusieurs couleurs, à partir du point central. Ainsi, lorsque le magasinier voit la couleur centrale, il sait qu'il doit réapprovisionner le stock. Le Kaizen est une amélioration douce, sans gros moyens.

Mon, ton, son... problème

Votre problème de surcharge est aussi celui de l'entreprise. Toute tâche mal ou pas exécutée génère un risque potentiel pour vous, et votre entreprise. Votre première tâche est d'identifier ces risques.

Partagez les enjeux et les risques avec votre direction. L'entreprise acceptera les solutions que vous proposez, dans la mesure où vous démontrerez que vos solutions la préservent de risques qui menacent sa survie. Si ces solutions résolvent également votre problème vous avez gagné. Sinon à chacun son fardeau. Vous le vôtre, l'entreprise le sien.

Seriez-vous perfectionniste ?

Idéaliste ? Quelles sont les attentes de votre entreprise vis-à-vis de votre travail ? Quelles sont vos exigences personnelles ? Une fois la frontière tracée avec réalisme, vous serez au clair avec vous-même, et prêt à un entretien décisif. Si vous ne pouvez défendre cette frontière, ni négocier des aménagements adaptés, il vous faut d'urgence changer d'emploi avant d'atteindre un point de non-retour.

Harcèlement : Battez-vous et partez

24

T'en fais pas mon p'tit loup
C'est la vie ne pleur' pas
Oublie-les les p'tits cons
Qui t'ont fait ça !

Pierre Perret

Chaque matin, au petit déjeuner, vous avez le ventre noué, rien ne passe. Vous avez mal dormi. Toute la nuit, vous avez cherché des explications rationnelles à de multiples faits qui surviennent les uns après les autres comme des bulles de savon, sans cause apparente. Hier, c'était votre paramétrage informatique qui était erroné. Avant-hier, les pilotes de votre poste de travail n'étaient plus adaptés aux imprimantes. Vos voisins ont les mêmes logiciels que vous, mais vous avez découvert qu'ils ont des fonctions différentes, plus rapides, mieux adaptées à votre environnement. Mais quand vous demandez une évolution, il y a toujours une bonne raison pour vous la refuser…

Dans ces conditions, vous vous battez chaque jour pour réussir à faire votre travail, moins que votre travail… Aujourd'hui encore, il va se passer quelque chose, mais quoi ? Pourtant, chacun de ces faits vous concerne, directement ou indirectement, vous déstabilise, vous décrédibilise en tant que personne ou en tant que professionnel. Vous avez l'impression d'être une cible, mais de quoi et pourquoi ?

Déjà, vos conditions de travail sont plus difficiles que celles des autres (mobilier inadapté, téléphone et ordinateur dépassés, bureau exigu). Dans ce contexte, vous avez de plus en plus de mal à exécuter des tâches simples, persuadé que de toute façon, cette activité sera rendue inutile ou inutilisable d'une manière ou d'une autre. Les consignes que vous recevez sont floues ou contradictoires, mais vous « auriez dû savoir ». Vous n'avez pas le mode d'emploi de vos outils de travail, mais vous devriez savoir... Vos tâches ont été modifiées et ne sont plus adaptées à vos compétences (au-dessus ou au-dessous, trop ou trop peu) ou sont complètement paradoxales (faire une chose et son contraire, faire un travail sans les données indispensables). De manière aléatoire, vous découvrez que vos espaces de travail ou vos logiciels ne sont plus accessibles. Votre courrier disparaît. Votre harceleur, souvent hélas aidé par les moutons de Panurge du service, multiplie les remarques personnelles sur vous, votre famille, votre corps, vos vêtements, et souligne vos difficultés psychologiques, d'ordre familial... Un collègue est chargé de tâches voisines des vôtres. Mais la compétition est biaisée de toutes sortes de façons. Homme ou femme, vous avez souvent besoin de vous isoler pour pleurer de rage, de désespoir. Vous n'osez plus lever la tête, ni sortir de votre bureau. Quant à vos collègues, ils se tiennent prudemment à distance et se gardent d'intervenir. Votre isolement est total.

Ressource 11 : Les expériences de Milgram

Le harcèlement se nourrit des comportements dits de « soumission à l'autorité ».

L'ampleur des phénomènes de soumission à l'autorité a été mise en évidence dans les années soixante par une série d'expériences marquantes réalisées par un psychologue, Stanley Milgram, à l'université Yale.

Stanley Milgram a mené dans les années 50/60 des expériences visant à déterminer où finit la soumission à l'autorité et où commence la responsabilité de l'individu. Comment concilier les impératifs de l'autorité avec la voix de la conscience ?

S. Milgram s'est penché sur les évènements pendant lesquels des atrocités, découlant d'une extraordinaire soumission à l'autorité, ont été pratiquées. Il a notamment mené des investigations sur les atrocités menées par les nazis pendant la Deuxième Guerre mondiale. Il a mis en avant le fait que ces pratiques pouvaient se retrouver dans la vie courante sous différentes formes.

Il existe en effet chez l'homme une propension naturelle à se soumettre à l'autorité et à se décharger sur elle de sa propre responsabilité. S. Milgram souhaitait, en écrivant ce livre, engager chez ses lecteurs une compréhension profonde de l'importance de l'autorité dans notre vie pour abolir la notion de l'obéissance aveugle.

Il démontre, en particulier, que la disparition du sens de la responsabilité individuelle est de très loin la conséquence la plus grave de la soumission à l'autorité.

La justification des actes par ceux qui les commettent en obéissant, ce que l'on appelle aussi la rationalisation, ne compte pas. Seule l'action est une réalité : « Tant qu'ils ne sont pas convertis en actes, les sentiments personnels ne peuvent rien changer à la qualité morale d'un processus destructeur ».

Synthèse de Josselyne Abadie

(Soumission à l'autorité Calmann-Lévy, coll. « Liberté de l'esprit », 1974)

Quelques jalons

Mercredi 12 mars 2008 – *Le rapport sur la détermination, la mesure et le suivi des risques psychosociaux au travail de Philippe Nasse, magistrat honoraire, et Patrick Légeron, médecin psychiatre, est remis à Xavier Bertrand, ministre du Travail, des Relations sociales et de la Solidarité. Il conclut :*

« Le risque psychosocial constitue un problème réel, effectif, pressant, avec des enjeux lourds en termes de bien-être social et en termes de santé publique. Nous constatons en effet que les partenaires sociaux européens se sont laissé suffisamment convaincre de la réalité de ce risque pour signer l'accord du 8 octobre 2004 sur le stress, et celui du 26 avril 2007 sur le harcèlement et la violence. Nous constatons aussi que bon nombre de pays de notre environnement immédiat ont dépassé la phase expérimentale où nous nous plaçons aujourd'hui pour développer leurs actions, sous la responsabilité des entreprises et sous forme de programmes publics.

Ne cherchez plus vos fautes ou responsabilités. Ne cherchez plus à changer vos façons d'être ou de travailler. Vous êtes simplement victime d'une situation de harcèlement. Le chemin pour en sortir peut être long. Mais tout vaut mieux que de laisser perdurer cette situation qui vous détruit de l'intérieur, d'une manière qui peut devenir définitive.

Depuis le livre de Marie-France Hirigoyen édité en 1998, *Le harcèlement moral, la violence perverse au quotidien*, le harcèlement est devenu une préoccupation sociale forte. Les professionnels, médecins du travail, juristes, syndicalistes, psychiatres, se sont mobilisés. Dans nombre d'entreprises, il s'agit encore, hélas, d'une mobilisation « *Canada dry* ».

Définition du harcèlement moral

Art. L 122-49 du Code du travail français : « Aucun salarié ne doit subir des agissements répétés ayant pour objet ou pour effet une dégradation des conditions de travail susceptible de porter atteinte à sa dignité, d'altérer sa santé physique ou mentale ou de compromettre son avenir professionnel. »

Ce que dit la loi

Il y a quatre textes qui sont concernés par le harcèlement moral

– **Le droit civil :** le principe de loyauté inscrit dans l'exécution des contrats est le principe de droit civil général. Art.134 du Code civil : « *Les conventions légalement formées tiennent lieu de loi à ceux qui les ont faites. Elles doivent être* *exécutées de bonne foi. Le droit du travail étant soumis aux dispositions du droit civil, le contrat de travail doit être exécuté de bonne foi. »*

– Le droit pénal : Le Code pénal contient un certain nombre de principes comme le respect de la dignité humaine, ainsi que des articles qui visent des infractions pouvant être réprimandées telles que les agressions verbales ou les violences psychologiques. Mais les contraventions sont souvent trop dérisoires pour pouvoir être un outil dans les situations concernées.

- Le droit du travail : la loi dite de « modernisation sociale » adoptée en France par l'Assemblée nationale le 11 janvier 2001 intègre le harcèlement moral dans l'obligation générale de prévention de l'employeur définie par l'article L 230-2 : « *Le chef d'établissement prend les mesures nécessaires pour assurer la sécurité et protéger la santé physique et mentale des travailleurs* »

Après de nombreuses modifications, la décision du Conseil constitutionnel n° 2001-455 DC du 12 janvier 2002 a été publiée au Journal Officiel.

Ressource 12 : Loi de modernisation sociale

Titre II – Travail, emploi et formation professionnelle

Chapitre IV : Lutte contre le harcèlement moral au travail

Article 168
Après l'article L 120-3 du Code du travail, il est inséré un article L 120-4 ainsi rédigé :

« Art. L 120-4. – Le contrat de travail est exécuté de bonne foi. »

Article 169
Après l'article L 122-48 du Code du travail, sont insérés cinq articles, L 122-49 à L 122-53, ainsi rédigés :

« Art. L 122-49 – Aucun salarié ne doit subir les agissements répétés de harcèlement moral qui ont pour objet ou pour effet une dégradation des conditions de travail susceptible de porter atteinte à ses droits et à sa dignité, d'altérer sa santé physique ou mentale ou de compromettre son avenir professionnel. »

« Aucun salarié ne peut être sanctionné, licencié ou faire l'objet d'une mesure discriminatoire, directe ou indirecte, notamment en matière de rémunération, de formation, de reclassement, d'affectation, de qualification, de classification, de promotion professionnelle, de mutation ou de renouvellement de contrat pour avoir subi, ou refusé de subir, les agissements définis à l'alinéa précédent ou pour avoir témoigné de tels agissements ou les avoir relatés. »

« Toute rupture du contrat de travail qui en résulterait, toute disposition ou tout acte contraire est nul de plein droit. »

« Art. L 122-50 – Est passible d'une sanction disciplinaire tout salarié ayant procédé aux agissements définis à l'article L 122-49. »

« Art. L 122-51 – Il appartient au chef d'entreprise de prendre toutes dispositions nécessaires en vue de prévenir les agissements visés à l'article L 122-49. »

« Art. L 122-52 – En cas de litige relatif à l'application des articles L 122-46 et L 122-49, le salarié concerné présente des éléments de fait laissant supposer l'existence d'un harcèlement. Au vu de ces éléments, il incombe à la partie défenderesse de prouver que ses agissements ne sont pas constitutifs d'un tel harcèlement et que sa décision est justifiée par des éléments objectifs étrangers à tout harcèlement. Le juge forme sa conviction après avoir ordonné, en cas de besoin, toutes les mesures d'instruction qu'il estime utiles. »

« Art. L 122-53 – Les organisations syndicales représentatives dans l'entreprise peuvent exercer en justice, dans les conditions prévues par l'article L 122-52, toutes les actions qui naissent de l'article L 122-46 et de l'article L 122-49 en faveur d'un salarié de l'entreprise, sous réserve qu'elles justifient d'un accord écrit de l'intéressé. L'intéressé peut toujours intervenir à l'instance engagée par le syndicat et y mettre fin à tout moment. » [...]

Article 170

Après la section 3 du chapitre II du titre II du livre II du Code pénal, il est inséré une section 3 **bis** intitulée : « Du harcèlement moral », comprenant un article 222-33-2 ainsi rédigé :

« Art. 222-33-2 – Le fait de harceler autrui par des agissements répétés ayant pour objet ou pour effet une dégradation des conditions de travail susceptible de porter atteinte à ses droits et à sa dignité, d'altérer sa santé physique ou mentale ou de compromettre son avenir professionnel, est puni d'un an d'emprisonnement et de 15 000 euros d'amende. »

Article 171

Après l'article L 122-48 du Code du travail, il est inséré un article L 122-54 ainsi rédigé :

« Art. L 122-54 – Une procédure de médiation peut être engagée par toute personne de l'entreprise s'estimant victime de harcèlement moral ou sexuel. Le médiateur est choisi en dehors de l'entreprise sur une liste de personnalités désignées en fonction de leur autorité morale et de leur compétence dans la prévention du harcèlement moral ou sexuel. Les fonctions de médiateur sont incompatibles avec celles de conseiller prud'homal en activité. »

« Les listes de médiateurs sont dressées par le représentant de l'État dans le département après consultation et examen des propositions de candidatures des associations dont l'objet est la défense des victimes de harcèlement moral ou sexuel et des organisations syndicales les plus représentatives sur le plan national. »

« Le médiateur convoque les parties qui doivent comparaître en personne dans un délai d'un mois. En cas de défaut de comparution, il en fait le constat écrit qu'il adresse aux parties. [...] »

Article 173

L'article L 230-2 du Code du travail est ainsi modifié :
– dans la première phrase du premier alinéa du I, après les mots : « protéger la santé », sont insérés les mots : « physique et mentale » ;
– le g du II est complété par les mots : « notamment en ce qui concerne les risques liés au harcèlement moral, tel qu'il est défini à l'article L 122-49 ».

Article 174

L'article L 236-2 du Code du travail est ainsi modifié :
– dans la première phrase du premier alinéa, après

le mot : « santé », sont insérés les mots : « physique et mentale » ;

– le sixième alinéa est complété par les mots : « et de harcèlement moral ».

Article 175

Dans le premier alinéa de l'article L 241-10-1 du Code du travail, après le mot : « santé », sont insérés les mots : « physique et mentale ».

Article 176

Dans la première phrase et la seconde phrase du premier alinéa de l'article L 422-1-1 du Code du travail, après le mot : « personnes », sont ajoutés les mots : « à leur santé physique et mentale ».

Article 179

I. – Après le mot : « harcèlement », la fin du premier alinéa de l'article L 122-46 du Code du travail est ainsi rédigée : « de toute personne dont le but est d'obtenir des faveurs de nature sexuelle à son profit ou au profit d'un tiers »

*II. – Après le mot : « harcèlement », la fin du deuxième alinéa de l'article 6 **ter** de la loi n° 83-634 du 13 juillet 1983 précitée est ainsi rédigée : « de toute personne dont le but est d'obtenir des faveurs de nature sexuelle à son profit ou au profit d'un tiers ».*

Devoir d'alerte

Le Code du travail précise que lorsque d'aucuns constatent « *notamment par l'intermédiaire d'un salarié qu'il existe une atteinte au droit des personnes, à leur santé physique et mentale* », ils peuvent alerter l'employeur lorsqu'il existe une atteinte aux droits des personnes.

Droit de la sécurité sociale

Depuis 1988, le suicide sur le lieu de travail est reconnu comme accident du travail, sous réserve d'établir qu'il s'agit bien de la conséquence d'un harcèlement moral au travail.

Mission du CHSCT – Article L 236-2 du Code du travail

Le CHSCT. a pour mission de contribuer à la protection de la santé physique et mentale des salariés. Article L 236-2 du Code du travail.

Collectez les preuves

Pour établir la preuve du harcèlement, la victime doit apporter la preuve des agissements constitutifs d'un harcèlement moral. Ces preuves sont difficiles à établir. Il est donc recommandé d'ouvrir un calepin et de noter, au fil de la journée, tout ce qui fait mal, tous les traitements qui semblent discriminatoires, avec un maximum de détail. Les téléphones portables avec photos intégrées offrent des possibilités intéressantes, ainsi que les enregistreurs miniaturisés. Même si la justice ne considère pas cela comme des preuves, elles peuvent être versées au dossier. Ensuite, vous prenez rendez-vous avec un acteur syndical de votre entreprise ou un conseiller prud'homal. Le fait d'agir sera déjà un antidote puissant. Vous rencontrerez des personnes habilitées à vous conseiller. Il y a plusieurs étapes possibles, y compris celle d'un entretien hiérarchique accompagné du médecin du travail ou du responsable syndical. Tous les combats ne sont pas gagnés d'avance et certains ne doivent pas être entamés. Mais, dans un contexte de harcèlement, le plus difficile est de devoir subir sans agir.

Le rôle du médecin du travail a été renforcé par la loi, il ne faut pas hésiter à lui parler de la situation.

Agissez de bonne heure

Dès que les manœuvres de harcèlement auront fait leur travail de sape, que vous n'aurez plus confiance en vous et en vos capacités personnelles et professionnelles, dès que les autres salariés auront acquis de vous une idée négative, il sera déjà presque trop tard pour retrouver, même ailleurs, tout votre potentiel enrichi d'une expérience humaine de poids.

La méthode

Aux premiers signes établissant que les agressions à impact psychologique ont induit un état anormal, médicalement qualifié de « syndrome post-traumatique », vous devez vous rendre chez votre médecin traitant. Il n'est pas nécessaire d'avoir rencontré auparavant le médecin du travail. Si votre état le justifie, le médecin traitant a toute autorité pour établir un constat d'accident du travail. Les différents volets sont transmis aux interlocuteurs désignés. Le quatrième volet est destiné à l'employeur, qui dispose de quarante-huit heures pour engager les procédures d'accident du travail. Cette démarche est valable, qu'il y ait arrêt de travail ou non. L'enquête suivra son cours, que vous soyez déclaré guéri ou en consolidation.

De plus en plus de médecins traitants adoptent cette démarche, analogue à celle des accidents classiques. La jurisprudence se constitue progressivement. Compte tenu de l'importance accordée par les entreprises aux accidents du travail, à la responsabilité de l'employeur et aux frais qui en découlent, cette démarche fera bouger la situation et imposera une prise en compte, au besoin par voie prud'homale ou judiciaire. À vous d'évaluer où se situe votre intérêt.

Les situations de harcèlement moral seraient plus faciles à établir si la pathologie relationnelle entre les deux individus concernés, disons pour simplifier la victime et le persécuteur, ne s'inscrivait pas dans un dysfonctionnement global de l'organisation de l'entreprise. Lorsque les activités ne sont pas suffisamment précisées, que les rôles ne sont pas définis, que les charges dépassent le possible, que les objectifs, démesurés, ne peuvent être atteints, que la qualité des travaux se dégrade, et que les résultats plongent, il est humain de chercher un bouc émissaire, un « maillon faible » à éliminer. C'est parfois le vrai maillon faible, celui qui ne peut pas suivre, mais c'est le plus souvent celui qui énonce tout haut l'incapacité collective et les dangers encourus. Parce que tant que le collectif arrive à dénier la réalité, celle-ci est plus facile à vivre.

Faites clarifier les limites de vos responsabilités et ce que vous devez faire, si et quand. Prenez des exemples précis. Soyez en particulier attentif à tout ce qui qualifie la personne ou tous les éléments de discrimination. Tous les dispositifs organisationnels permettant de limiter « *la tendance spontanée à jouir et abuser du pouvoir* » doivent être mis en œuvre pas à pas, avec l'aide de représentants syndicaux.

Souriez !

Construisez des solidarités autour de vous. Le harcèlement entraîne un repli sur soi. Parlez de tout et de rien avec les autres. Prenez le café en commun. Achetez une cafetière s'il n'y en a pas ; fêtez vos anniversaires… Ne parlez pas à n'importe qui de votre sentiment de harcèlement… de vos difficultés. Souriez, soulignez vos succès, personnels et collectifs, ayez une oreille attentive aux autres…

Prenez des notes

Ayez toujours un calepin sur vous, pour noter les signes, les expressions parfois subtiles, qui vous déstabilisent. Lesquelles ? Le diagnostic est simple : notez tout ce qui vous fait mal au ventre, qui vous coupe les jambes, qui vous fait monter le rouge aux joues et les pleurs aux yeux. Vous trierez après, au besoin avec un spécialiste. Les plus doués et les plus résistants utilisent l'enregistrement. Depuis l'avènement du numérique, vous ne craignez plus que la bande, arrivant à son extrémité, vous dénonce avec un claquement reconnaissable entre tous !

Vous vivez sous surveillance !

Acceptez cette idée : votre téléphone, vos e-mails, votre activité quotidienne sur votre ordinateur, vos déplacements dans l'entreprise, tout est enregistré quelque part. À vous de faire un sans-faute.

Les directions ont encore du mal à accepter l'idée que les individus ont des limites. Ces indicateurs de fatigue, de conflits, de relations pathologiques sont autant de signes de l'inadaptation de l'organisation. Ces relations pathologiques se développent d'autant plus que chaque salarié est supposé définir lui-même son champ de responsabilité. Trop souvent, hélas, les notes d'organisation ne fournissent qu'un cadre global, simplifié et incompatible avec celles des autres acteurs.

Encore une fois, tout changement d'organisation impose une nouvelle description de l'organisation conformément aux exigences de normes ISO. Il bouleverse l'élaboration des fameux indicateurs de management, donnant le vertige à tous les managers. La solution est évidente : tant que le chiffre d'affaires et les marges progressent, la direction a intérêt à maintenir l'organisation existante, quitte à imposer aux salariés une mission impossible. Cette situation rend d'autant plus facile la démonstration d'une faute éventuelle.

Aujourd'hui, l'entreprise semble avoir intégré la souffrance morale au travail comme un mal nécessaire, voire une stimulation positive, une contribution normale aux imperfections du monde en général et de l'entreprise en particulier. Le non-dit et le caché, les deux piliers du harcèlement, sont justifiés par la loyauté, le client, les exigences européennes, le secret stratégique, le secret industriel, le cloisonnement entre concurrents, voire des objectifs plus occultes... Ainsi, à tous les niveaux, il devient le meilleur atout de pouvoir sur les autres et de préservation de sa propre sécurité. Par ailleurs, les souffrances des travailleurs du tiers-monde rendent celles du monde occidental dérisoires. De là à dire qu'il s'agit de souffrances d'enfants gâtés, il n'y a qu'un pas, qui culpabilise davantage les victimes.

Cherchez des alliés dans l'entreprise

Vous n'êtes pas seul, même si chacun se terre. Observez ! La solidarité des victimes est redoutable pour l'employeur. Notez les absences des autres salariés, informez-vous sur leur cause. Concentrez-vous sur les autres au lieu de vous concentrer sur vous. Prenez appui auprès d'un syndicat ou d'un conseiller prud'homal, apprenez à collecter les preuves et négociez votre départ !

Les réflexions sur le thème du harcèlement insistent sur l'importance, pour la victime, de garder son contrat de travail. Dans le contexte de chômage actuel, perdre son travail est un drame. Mais le garder est-il une bonne chose ? Il me semble que la disqualification professionnelle insidieuse, qui a été subie parfois plusieurs années avant que la situation ne devienne complètement pathogène, impose au contraire un changement radical d'environnement, voire d'activité. Car, même si le « harceleur » est écarté, même si un repositionnement est effectué, il reste dans l'histoire collective une culpabilité diffuse, une agressivité latente contre celui par qui le scandale arrive. Dans le cerveau de la victime, toute une vision du monde, de soi-même et d'inextricables connexions de peurs diffuses resteront câblées. Quant à l'organisation pathogène de l'entreprise, elle n'a en général pas changé, le harcelé ayant joué pour un temps son rôle de masque et de fusible.

Recâblez votre cerveau !

Rien de tel que de changer de contexte, d'activité, d'environnement, pour créer de nouvelles associations positives, constructives, et inhiber peu à peu les réflexes de peur. Rappelons-nous à cette occasion que les mécanismes de la peur sont très vite inscrits dans le cerveau. Ils sont quasiment indélébiles.

Changez de contexte

Dans les situations de harcèlement, l'objet de la peur n'est jamais identifié, ni repérable. C'est ce qui en fait la dangerosité. Pourtant, les professionnels inscrivent les troubles identifiés au registre du désordre post-traumatique (PTD.). Une nouvelle activité, un nouvel environnement professionnel mettra de la distance entre vos anciens câblages et les nouveaux. Les douleurs réapparaîtront certainement au détour d'un détail, d'un signe, mais ce ne seront que des instants fugaces.

Suivez un stage d'affirmation de soi ou faites-vous accompagner à titre personnel. Les syndicats allemands ont systématisé ces formations en cas de harcèlement. Car le harcèlement implique la soumission et la dépendance affective ou financière.

Toutes ces situations ont été gravées dans notre cerveau au cours de notre vie, parfois précocement. Quelques apprentissages simples permettent de repositionner son image vis-à-vis de soi-même et des autres. La victime a toujours une part de responsabilité dans le harcèlement. Comme on suit une formation pour conduire sur route verglacée, surtout s'il s'agit d'un véhicule à traction arrière, vous devez apprendre à vous piloter sur la route verglacée du harcèlement.

Formez-vous !

C'est certainement le bon moment de suivre la formation dont vous rêviez et d'entrer dans un autre personnage social. Vous offrez à votre entreprise une voie de sortie gagnante pour les deux parties.

Pardonnez !

Quand tout sera fini, quand vous serez de l'autre côté, vous devrez aussi apprendre à pardonner. À vous, à votre harceleur, à vos collègues silencieux, afin de délaisser tous les sentiments négatifs qui vous ont envahis. Ils ne pourraient que vous gâcher la suite. Ce n'est pas le plus facile. Mais il ne sert à rien de passer de la peur à la haine. Vous y parviendrez d'autant mieux que vous aurez su faire de cet épisode une occasion de vous épanouir dans une nouvelle activité et un environnement professionnel constructif.

Certains salariés n'y parviendront pas. Les entreprises doivent dès à présent s'interroger sur ce que seront les relations avec le personnel si, à tout instant, chaque salarié peut avoir accumulé suffisamment de mépris et de brimades pour passer à l'acte et détruire ce qui le détruit.

Soyez prêt à partir !

Ayez toujours un œil sur ce que vous pourriez faire d'autre, ce que vous aimeriez faire d'autre. Ne soyez jamais prisonnier de votre employeur. La situation de chômage de nombre de pays ne facilite pas la mobilité, mais elle s'organise grâce à la compétence et à un CV attrayant. Il vous appartient de le construire toute votre vie sans illusions sur votre employeur actuel. C'est votre aptitude à partir qui vous protège le plus efficacement du harcèlement et du départ imposé.

Utilisez la médiation

La meilleure façon de lutter contre le harcèlement serait que les salariés puissent quitter les employeurs concernés, avec armes et bagages de savoir-faire et de compétences. À ce titre, les nouvelles exigences concernant la responsabilité sociale de l'entreprise, auxquelles les entreprises adhèrent dans l'esprit plutôt que dans la lettre, parfois à grands renforts médiatiques, peuvent être des alliés. Elles imposent déjà la mise en place d'instances de médiation et définissent les chemins pour constituer les dossiers.

Un peu de jurisprudence : les grandes entreprises sur la sellette

Air France – Le 24 avril 2007, Air France a été condamnée à verser 75 000 € à une cadre commerciale licenciée le 17 janvier 2005 pour inaptitudes physiques. Le juge de la cour d'appel de Paris a considéré qu'il s'agissait d'un licenciement sans cause réelle et sérieuse. À cela s'ajoute 7 500 € au titre du préjudice résultant du harcèlement moral. La condamnation est aggravée par rapport au jugement en première instance prononcé le 16 décembre 2005, qui pointait déjà « l'inexécution fautive par l'employeur de l'exécution de bonne foi du contrat de travail et le harcèlement moral imposé à la salariée à compter de 1999 afin de provoquer son départ ».

Renault – Pour la première fois, une entreprise a été condamnée pour le suicide d'un de ses salariés. Le tribunal des affaires de sécurité sociale de Nanterre a retenu la « faute inexcusable » à l'encontre de Renault suite au suicide d'un de ses salariés en octobre 2006. Antonio B..., ingénieur en informatique de trente-neuf ans, s'était jeté du cinquième étage du bâtiment principal du technocentre de Renault à Guyancourt, dans les Yvelines, le 20 octobre 2006. Sa famille estimait que Renault n'avait pas respecté ses obligations de sécurité et que le stress professionnel auquel était soumis le salarié avait directement contribué à son geste.

Sur la route de la réorganisation 25

Tout a commencé par une injection indolore… Un audit. L'audit précède la réorganisation comme l'étale la marée montante. Lancement officiel. Formation, individuelle et collective. Les auditeurs posent des questions dont ils ont déjà souvent les réponses. La trame du rapport est parfois écrite avant les entretiens. Le scénario fait partie des écoles de management pour dirigeants. Aussi souvent joué que la Cantatrice chauve. Pour vous, c'est la sixième réorganisation, la troisième suppression d'emploi… Fatigué de la pièce. Déjà, vous ne dormez plus. Changer de façon de travailler, vous êtes tout à fait d'accord, rien ne tourne vraiment rond. Ce ne sont pas les dernières tentatives qui ont amélioré la situation ! S'adapter à une nouvelle organisation, ce serait le rêve, mais à une nouvelle désorganisation, là est la vraie galère. Aucun manuel de management ne l'a envisagé.

Ressource 13 : La gestion du changement

Tout changement s'accompagne d'un sentiment de perte et de peur. « Un tien vaut mieux que deux tu l'auras », dit le proverbe. Au-delà des pertes matérielles, chaque changement impose de renoncer à l'image que l'on se faisait de soi dans la situation précédente, à cette alchimie en équilibre du moi par rapport à son environnement, fruit des adaptations précédentes. La perte est d'autant plus symbolique et difficile à gérer qu'il n'y a pas eu d'évaluation factuelle des pertes et des gains dus à la situation future.

Lorsque le changement impacte les valeurs – par exemple, un salarié de niveau maîtrise qui est promu au statut de cadre –, l'intégration des nouvelles valeurs sera facilitée par les gains escomptés de la nouvelle position. Mais s'il s'agit de choisir entre vie familiale et promotion, le conflit intérieur restera longtemps ouvert.

La peur est liée autant à l'incertitude du futur qu'à la réminiscence des épisodes passés. Le cerveau limbique capte toute analogie avec une situation antérieure désagréable. Attention, ces liens sont parfois extrêmement ténus et peuvent passer inaperçus tout en provoquant des réactions d'angoisse très violentes. Ainsi, lorsque la panique s'installe, il n'est pas inutile de se demander à quelle autre situation ce changement nous fait penser. On peut alors rendre à chaque situation ses angoisses et faire le tri.

Exemple : un cadre se rend au siège de sa future affectation. On lui montre le bureau qui lui a été affecté. Les lieux le mettent particulièrement mal à l'aise. Il refusera cette proposition. Ce n'est que quelques années plus tard – lors d'un rappel encore plus violent – qu'il comprendra que cette odeur discrète de cire qui montait du parquet était simplement celle du pensionnat de son enfance.

Faites le deuil du passé !

Toute perte de statut se vit comme un deuil. Il suit les étapes désormais classiques élaborées par Elizabeth Kübler-Ross.

Pour Elizabeth Kübler-Ross, la connaissance des différentes étapes du deuil permet de les rendre plus acceptables pour soi et pour l'entourage. Il est plus facile de supporter les états de colère ou de tristesse, aussi intenses soient-ils, lorsqu'on sait que c'est une étape nécessaire vers l'étape suivante. D'un certain point de vue, l'état de tristesse est une bonne indication d'amélioration vers l'acceptation, et le début d'une nouvelle vie.

Les différentes étapes de deuil

Une réorganisation a toujours un objectif. Elle peut permettre d'adapter l'entreprise à de nouvelles exigences techniques, légales ou normatives, ou de pallier certains dysfonctionnements connus. Dans certains cas, elle peut aussi répondre à une adaptation des compétences ou des ressources humaines existantes.

Dans tous les cas, la réorganisation se vit mieux lorsque le fait générateur est connu et compris. Mais il fait souvent partie du non-dit de l'entreprise. Reste alors à mettre en commun les informations de l'ensemble des personnes concernées. Au risque de se tromper...

La réorganisation : espoir et deuil, chaque fois renouvelés

Savoir se couler dans la nouvelle organisation, la mettre en valeur, souligner les points positifs : voilà ce que votre direction attend de vous. Cette fois (encore ?), votre nouvelle position n'est pas celle dont vous rêviez. Votre adaptation à cette épreuve signera votre caractère et votre passeport pour la prochaine étape. Plier ou rompre ? Rester ou quitter ? À vous de décider. En jeu, votre évolution professionnelle dans cette entreprise, bien sûr... Mais, plus encore, votre identité, et les espoirs d'ailleurs. Mais il n'y a pas de vrai choix si vous n'avez pas préparé le départ.

Lorsque la réorganisation a pour objectif majeur la rationalisation financière et technique de l'activité, elle porte un autre nom redouté : le « *reengineering* ». Rendez-vous au chapitre 27.

Survivez à une fusion

26

Flambée brutale des cours en bourse, le story board de l'OPA hostile ou amicale n'est plus à écrire. Peut-être votre entreprise a-t-elle été rachetée plus discrètement ? Que l'affaire ait été imaginée sur un parcours de golf, une rencontre mondaine ou un cabinet de consultants vous importe peu. Que votre comité d'entreprise ait été averti ou non ne changera pas grand-chose à votre situation finale ! Un cabinet a déjà été mandaté pour assurer la « restructuration des actifs », et votre poste pourrait bien faire l'objet de cette opération chirurgicale sans états d'âme. Déjà, votre comportement a changé, la peur a pris possession de votre plexus, votre chemin de survie est déjà entamé.

Up or out ?

Il est essentiel de comprendre que les choix de l'entreprise ne sont pas de retenir les bons éléments et de se séparer des mauvais. Le résultat final est le fruit de décisions dont la rationalité est souvent moins grande qu'elle ne devrait. Réseaux d'amitiés, d'influence, alliances privées ou professionnelles, ces fusions sont des temps qui échappent à la rationalité tout en l'affichant comme seul moteur de l'action.

Pour l'entreprise, il s'agit d'échanger un présent patiné de triste réalité, contre un futur idéalisé. Ni culpabilité, ni nostalgie. Adoptez très vite une stratégie de négociation. Parlez de vous, de vos projets, de vos réussites...

Dans cette étape, tous les coups sont permis, les amis d'hier peuvent être vos premiers concurrents. Leurs armes ne seront pas nécessairement loyales. Là encore, le temps de l'entreprise impose de se situer en étape finale du deuil, celui de l'acceptation et de la négociation, avant d'avoir intégré les étapes émotionnelles précédentes. À vous de dissocier l'émotionnel du factuel. À vous d'imaginer des solutions dans le nouveau système proposé. Soyez opportuniste.

Observez, soyez attentif aux signaux faibles indiquant une évolution potentielle, une opportunité ! La défense de l'acquis et l'immobilisme sont deux attitudes suicidaires.

La « chasse aux sorcières »

Les organisations sont complexes. Les dirigeants méconnaissent souvent la réalité du métier de leur entreprise et du travail de chacun, voire même des mécanismes concrets du marché et de la concurrence. Chacun a peur de l'inconnu – même les dirigeants – et de la sanction des actionnaires. Ce contexte laisse le champ libre aux croyances, aux bruits de couloirs et aux manipulateurs de tous poils. Dès lors, la chasse aux sorcières, pratique toujours larvée dans l'entreprise, peut s'instituer comme base de réorganisation.

Si vous n'êtes pas expert en situations glauques, vous perdez moins de temps en sortant du jeu.

Marchand de soi !

Imaginez ce que vous allez vendre à votre employeur suivant : carnet d'adresses, savoir-faire, clientèle, capital confiance, connaissance de l'entreprise et de ses décideurs. L'évolution qui vous concerne peut être brutale. Préparez vos bagages dès les premiers signes. Vous ne serez pas surpris, et cette démarche pratique a le mérite d'imposer à votre cerveau une phase de changement constructif. L'étape de négociation donnant-donnant viendra toujours trop vite. Le rythme imposé à la réorganisation par la situation financière ou boursière ne vous laisse guère de temps pour le déni ou la colère.

Cela étant fait, reste à mettre en place, dès le début de la phase de rupture, les conditions de la relation que l'on souhaite établir avec son ancien employeur : affrontement, concurrence ou collaboration.

L'effet pirouette à retardement

L'employeur a rarement conscience que ses pires prédateurs potentiels sont ses anciens salariés : futurs concurrents, futurs détracteurs, connaissant parfaitement les failles et toujours solidaires de leurs anciens collègues.

La gestion de la peur

Rappelons, dans cette étape, que les mécanismes de survie sont câblés pour adapter immédiatement le comportement de l'animal face à un prédateur ou un danger selon trois modes privilégiés : la fuite, la stupeur ou la soumission. Vous n'y échapperez pas. Mais votre intérêt n'est peut-être pas de suivre votre instinct. À vous de vous en convaincre... ou de vous faire accompagner par un professionnel.

À noter que dans l'étape de négociation collective, la cohésion du personnel sera un facteur déterminant de réussite. Il y a donc deux étapes à gérer : une étape individuelle et une étape collective. Plus il y aura d'acteurs conscients de ces deux temps de l'action, des enjeux et des bras de levier dans le rapport de force qui peut s'instaurer, plus la situation finale sera aménagée dans l'intérêt des salariés. Cette mobilisation collective ne dépend que des salariés eux-mêmes.

Le retour au collectif et à la coordination des salariés s'amorce-t-il ?

Vous êtes prêt pour de nouvelles aventures !

Ressource 14 : Droits et devoirs en cas de rachat ou de fusion

En cas de fusion ou de rachat, le salarié ne peut exiger d'être licencié en raison du changement.

L'article L 122-2 alinéa 3 du Code du travail maintient les avantages individuels du salarié : contrat de travail, rémunération, ancienneté, titre, congés payés. En cas de transfert dans une nouvelle entité juridique, celui-ci conserve donc ces éléments intangibles. Mais les avantages collectifs tels que la convention collective ou les accords d'entreprise régis par l'article 132-8 du Code du travail ne sont garantis qu'à titre temporaire pendant quinze mois. Au bout de quinze mois, sauf aboutissement de négociations, les conditions du repreneur s'appliquent.

Droit d'information des salariés

La loi de modernisation sociale encadre la procédure d'annonce publique, en rendant obligatoire l'information préalable des représentants des salariés lorsque le projet annoncé est susceptible d'avoir des incidences importantes sur les conditions de travail ou l'emploi.

Au plan pénal, l'entrave au fonctionnement du comité d'entreprise ou aux fonctions des délégués du personnel peut être lourdement sanctionnée.

Traversez un « reengineering »

27

Mais je n'peux pas, je n'sais pas
Et je reste planté là
Les lois ne font plus les hommes
Mais quelques hommes font la loi
Et je n'peux pas, je n'sais pas
Et je reste planté là.

Daniel Balavoine

Reengineering : *reengineering (or re-engineering) is the radical redesign of an organization's processes, especially its business processes. Rather than organizing a firm into functional specialties (like production, accounting, marketing, etc.) and looking at the tasks that each function performs, the reengineering is looking at complete processes from materials acquisition, to production, to marketing and distribution. The firm should be re-engineered into a series of processes.* (Définition de la réorganisation à la manière forte américaine)

Le « *reengineering* » consiste à se baser sur les exigences matérielles, technologiques et financières de la production pour y adapter les façons de travailler, les hommes et les organisations. En passant, il s'agit aussi de redéfinir les parties d'activités externalisées... Bref, d'attribuer à chaque tâche et à chacun une contribution à la valeur ajoutée globale et de procéder à l'élagage pour optimiser la rentabilité.

Le terme « *reengineering* » n'est plus guère utilisé, tant il a une triste réputation pour ses impacts sur les « ressources humaines ». On parle désormais d'« optimisation des processus » ou d'« organisation des activités et d'optimisation » ou tout autre vocabulaire politiquement correct.

Le « *reengineering* » à répétition fait rentrer pour longtemps l'entreprise dans le chaos. Si les activités et les responsabilités sont globalement redéfinies, les tâches élémentaires peinent à trouver leur nouvelle place. Les moyens sont, pour un temps, inadaptés aux tâches dévolues aux uns ou aux autres. Les fonctions support sont en général les premières à être restructurées, dans l'espoir de redonner du souffle aux opérationnels et à la trésorerie. Ce chaos offre parfois des opportunités.

> *Les grands groupes de conseils proposent fréquemment aux entreprises de réaliser des économies en délocalisant certaines activités. L'opération se passe en deux temps, d'abord on mutualise en interne certains services, puis on les soumet à des pressions importantes. Il suffit de leur fixer des objectifs impossibles afin de faire démissionner la plupart des salariés. On licencie les quelques irréductibles, puis on délocalise.*

Ce système est très économique, car il permet de faire l'économie de plans sociaux.

Dans ces temps troublés, peu importe d'être un travailleur efficace pour être survivant. Pourtant, les consciencieux seront les premiers à vouloir ramener l'ordre professionnel, la qualité, le respect des normes passées de l'entreprise. Ils seront les premiers à souffrir.

Identifiez les limites de votre responsabilité, vos valeurs et celles qui sont du ressort de l'entreprise, vos objectifs et ceux qui sont collectifs. Soyez attentif aux discours manipulateurs. Laissez des traces écrites de vos remarques et demandez des consignes précises. Demandez que les nouvelles règles du jeu soient déclinées au plus près de votre emploi et de vos responsabilités. Cela est du ressort de votre entretien annuel ou de votre lettre de mission. Précisez la façon dont vous devez agir en cas d'inadéquation des moyens et des objectifs, les voies de recours instituées... Appuyez-vous dans cette requête sur la démarche ISO qui a obligation de préciser ces éléments. Si cela n'est pas écrit, vous pouvez en parler au prochain audit en signalant ce manque.

Selon les secteurs, et le besoin de proximité physique avec le client final, votre métier est plus ou moins menacé. La comptabilité et la finance sont en ligne de mire, après avoir été les professions les plus choyées de l'entreprise. Internet contribue largement à faciliter ces délocalisations. Le télédépannage des réseaux informatiques a récemment perdu toute patrie.

Aidez votre cerveau

Pour lui aussi, il s'agit d'accepter un changement, à plusieurs niveaux : opérationnel, en changeant ses habitudes de travail pour intégrer les nouvelles règles ; identitaire, pour s'installer dans le nouveau rôle, les nouveaux lieux, les nouveaux signes de statut qui lui sont attribués. N'attendez pas qu'il le fasse inconsciemment. Plus vous aurez rendu concrètes les nouvelles règles du jeu et la façon dont elles doivent modifier vos décisions ou vos actions, plus vite vous aurez identifié les pourquoi et les comment, moins ce sera difficile.

Faites le deuil

Il n'y a pas de changement sans douleur. Surtout ceux qui sont proposés aux salariés depuis quelques années. Refus et déni, révolte, négociation, résignation, encore une fois, vous allez investir puissamment vos forces dans l'émotionnel. Dans ce combat, l'analyse rationnelle de la réalité permet simplement d'accélérer certaines phases. Le deuil n'est pas seulement un travail rationnel de l'adulte. Cet émotionnel est celui de l'enfant, de ses motivations, de sa créativité et de son affectif.

Négociez

C'est dans cette phase de deuil que vous allez devoir négocier les conditions de votre prochain emploi. Difficile d'être rationnel et constructif en pleine tempête émotionnelle. Pourtant, c'est précisément à cet instant que tout se joue. N'hésitez pas à vous faire accompagner lors des négociations par le délégué syndical. Au besoin, pensez à faire le point avec un coach externe, un avocat ou un conseiller prud'homal avant l'entretien. Son regard extérieur ne peut que vous aider à rationaliser, à demander ce qui est possible, à négocier chaque étape.

Le must du management : l'auto-organisation

Organiser, réorganiser, toutes ces étapes mobilisent la direction hors du noble champ stratégique. Désormais, les employés sont invités à s'organiser entre eux. Fin de la contestation ! Reste à négocier avec les collègues. Responsabilisation ou abandon ? Saluons cette délégation du management comme une fort élégante pirouette !

L'accélération de la vie en entreprise impose d'inverser les phases du deuil, en commençant par l'acceptation et l'adaptation rationnelle à la nouvelle situation.

Donnez du temps au temps

Les nouvelles habitudes ne deviendront automatiques qu'au bout de plusieurs mois. Acceptez les changements en identifiant ce que vous y gagnez. Intégrez les raisons qui font que vous allez poursuivre la collaboration avec cette entreprise et ces nouvelles règles du jeu. Toutes les structures opérant à coups de balancier, le « *reengineering* » inverse ne tardera pas à être mis en œuvre pour en corriger les excès. Pourrez-vous attendre avant que la nouvelle donne ne détruise votre emploi... ou vous ? À vous de mettre en place des stratégies de survie en attendant. Elles peuvent être individuelles ou collectives.

Votre mission est impossible à réaliser – produit inadapté à la demande, trop cher, outils inadaptés, territoire à couvrir trop large. Si vous ne voulez pas être licencié pour insuffisance de résultats, c'est à vous d'anticiper et d'analyser les données objectives de votre activité. Comparez-les avec ceux qui font le même travail que vous. Proposez des solutions. Vous devez faire ce travail avant que l'orage ne gronde. Il y a toujours un temps, dans l'entreprise, où cette étude pourra être transmise à la hiérarchie sans heurter. Il est toujours possible d'en faire état pour solliciter des solutions auprès d'un échelon hiérarchique qui ne pourra refuser une analyse factuelle bien étayée. Au pire, cette analyse pourra étayer une défense au tribunal des prud'hommes.

Vous êtes prêt à prendre du galon. Ailleurs ?

Quel que soit le dénouement de cette opération, votre expérience s'est enrichie de nouvelles compétences en organisation, en négociation, en connaissance de vous-même et des autres.

Créez votre entreprise

28

Ce que j'fais là moi
Je sais pas
Je voulais juste marcher tout droit
Ce que j'fais là moi
Je sais pas
Je pense à toi depuis mille ans

Raphaël

Vous sortez de la chambre de commerce, votre dossier sous le bras. Ça y est, votre statut a été déposé. Ivre du nom de votre nouvelle société et du droit enfin officiel de travailler, de rémunérer votre travail et de payer impôts et Urssaf, vous ressentez un grand moment d'euphorie. Vous avez enfin ce numéro de SIRET dont vous n'osiez pas rêver. Vous vous sentez aussi responsable de cette toute jeune personne morale qu'un jeune papa à la maternité. Peut-être avez-vous également traîné à l'INPI et dépoussiéré les gros cahiers brevets ou de marques pour voir comment y insérer la vôtre. Vous avez ainsi pris conscience que vous rentriez de plain-pied dans un grand système où chacun dépend de l'activité des autres. Insensiblement, vous venez de pénétrer dans un univers de règlements, de législation et d'administrations aussi imbriqués que des poupées russes.

Il est tentant, après avoir travaillé pour un patron ou une entreprise pendant un certain nombre d'années, de créer son propre emploi. Cela sera encore plus nécessaire si, au bout de ces années, vous vous trouvez remercié malgré ce que vous estimez avoir « donné » à l'entreprise ou permis par votre activité et votre créativité. Vous découvrez que l'entreprise, dotée d'une personnalité morale et d'un portefeuille, n'a aucune obligation d'empathie ou de sentimentalisme vis-à-vis de ses employés.

La création d'une activité bien à vous semble une solution infaillible. Fini la peur et l'angoisse d'être à nouveau remercié ! Finie la cohorte de changements obligatoires et de renoncements. Désormais, vous ne dépendrez plus que de votre activité et de votre volonté.

L'investissement initial

Une très large publicité a été faite autour de l'allègement des exigences pour créer une entreprise. On peut désormais créer sa propre entreprise pour un euro. C'est la première illusion. Selon les pays et leurs contraintes administratives et fiscales, créer une entreprise nécessite de disposer d'une trésorerie importante pour faire face aux premiers mois de fonctionnement, alors que les ventes démarrent à peine. Services ou production, marché local ou national, produit de grande consommation ou produit de niche destiné à un public cible facile à contacter, la difficulté sera bien évidemment très différente.

Dans cette échelle, l'activité artisanale – qui vise une cible de proximité – occupe une place tout à fait à part.

Il est courant d'investir 150 000 € et d'attendre plusieurs années avant que l'affaire ne commence à présenter une trésorerie positive. De même, si votre activité nécessite un site Internet, le temps de référencement convenable se compte en mois, voire en années, pendant lesquels votre activité commerciale est au point mort.

Mythe ou réalité, l'aventure du *bac à sable* d'un moteur de recherche Internet incontournable, où, pour une raison inconnue, un site Internet marchand ou non n'est soudain plus référencé et plus indexé, sonne le glas de l'activité. Le business des hébergeurs qui se cèdent les contrats d'hébergement sans tenir leurs clients informés, semant souvent ainsi, à leur insu, la panique dans leurs interfaces bancaires, sera également une surprise pour plus tard.

Choisissez votre activité

Les créateurs d'entreprises qui réussissent ont souvent apporté une compétence spécifique à leur activité. Gestion, comptabilité, clientèle, réseau professionnel, sont autant d'atouts de réussite en sus de la connaissance des règles de l'art et du contexte législatif. Avant de vous lancer, observez le train de vie de vos concurrents. L'écart entre l'officieux et l'officiel est une réalité contemporaine, conséquence de la complexité croissante de notre réglementation. Les sources de valeur ajoutée ou de non-dépense sont multiples : troc de services ou de marchandises, plus-value immobilière ou boursière... À titre d'exemple, le soutien à l'export de l'édition canadienne finance partiellement la présence de l'industrie canadienne du livre en Europe.

Qui paye pour quoi ?

À part les biens de consommation courante, nombre de prestations de services sont prises en charge par des mécanismes sociaux divers : financement de la formation, organismes de sécurité sociale, amortissements comptables, déductions de frais de fonctionnement.

L'équipement minimal

Un ou deux ordinateurs, des imprimantes, scanners, fax et téléphones. Des montagnes de classeurs, d'intercalaires, d'enveloppes, de cartes, de papiers à en-tête. **La création d'entreprise est en premier lieu une aventure administrative.**

Suivez le guide du business plan

C'est le maître mot du démarrage d'une entreprise. Sans lui, inutile de prendre rendez-vous avec son banquier ou quelque organisme que ce soit. Sa rédaction est complexe. Les investisseurs sont devenus frileux après les pertes colossales de la bulle Internet. Il faut avoir tout prévu, pour les trois années à venir, tout comptabilisé, alors que le produit n'est pas lancé et que le montage financier n'est pas finalisé. Des plans types sont fournis par divers organismes comme la Caisse des dépôts et consignations. Des logiciels sont également désormais disponibles. Mais rien ne remplace la réflexion personnelle. C'est une étape indispensable et fondatrice. Le plan propose de balayer l'ensemble des aspects de la création d'entreprise : caractéristiques du marché, concurrence ou encore moyens mis en œuvre pour communiquer vers le marché cible. Il évite de prendre ses désirs pour des réalités.

> *Vous êtes donc à la tâche : entre vingt et quarante pages à produire pour présenter votre marché, vos clients, vos concurrents et... les comptes d'exploitation prévisionnels pour les trois années à venir. Pour celui qui, justement, va présenter un dossier pour trouver des financements, l'exercice est surréaliste puisqu'il tient compte de la réponse avant de poser la question ! Qu'importe ! Comment vivions-nous avant l'invention du business plan ?*

Le business de l'aide à la création

Traditionnellement, les chambres de commerce offraient des conseils aux entrepreneurs. Financés par la taxe professionnelle, ces organismes sont désormais privés, et leurs prestations payantes. D'où la multiplication des structures d'aide au créateur, à tous niveaux : État, conseil régional, conseil général, mairies. Elles ont pour mission d'attirer les jeunes pousses, sources de taxes et d'emplois, et de constituer les dossiers de développement du territoire pour solliciter les aides diverses (État, Europe...). Ces organismes sont par ailleurs créateurs d'emplois de conseil avant d'être créateurs de richesse. À l'export, l'entrepreneur français retrouvera, dans chaque pays, une Mission économique dépendant du ministère de l'Économie, des Finances et de l'Industrie, une chambre de commerce, qui se définit comme « club d'affaires et entreprise de services », et... l'agence-conseils Ubifrance, EPIC du ministre délégué au Commerce extérieur.

Les aides à la création d'entreprise et à l'innovation

Sauf si vous êtes dans une structure qui s'est organisée pour accompagner les porteurs de projets (universités, laboratoires de recherche, grandes entreprises), vous allez perdre beaucoup de temps à solliciter des aides. Chaque organisme a besoin d'une analyse de type business plan qui satisfasse à ses codes (logique des paragraphes, contenu, présentation, mais cela peut aller jusqu'au code de couleurs et de police de caractère !) sans lesquels votre projet ne passera jamais la barre. Il vous proposera donc un consultant chargé d'une rédaction appropriée de votre projet (par exemple, ANVAR). La rémunération de ce consultant sera, au moins partiellement, à votre charge. Cette encoche initiale à votre trésorerie sera la première d'une longue liste de prestations intellectuelles diverses d'intermédiaires et vous ne pouvez vous l'offrir.

Nombre de créateurs abandonnent donc rapidement toute velléité de solliciter une aide quelconque. Ils se consacrent à la réussite de leur projet avec les finances disponibles, leurs petites économies et celles de leurs proches nourris d'une confiance sans faille et d'un soupçon d'inconscience.

La galère va donc commencer, et vous l'avez voulu. Le premier enjeu est bien évidemment de trou-

ver des clients. Le mieux étant de commencer avec un carnet de commandes garni. Mais, en cas d'innovation, vous devez commencer à l'étape brevet, fabrication, marquage du produit, certifications diverses, et assurances... avant de pouvoir vendre le plus petit objet dans le commerce. Chaque jour, un nouvel organisme se présentera dans votre boîte aux lettres pour proposer un service, réclamer un document, exiger le règlement d'un enregistrement obligatoire, ou d'une cotisation à un organisme sans utilité. L'entreprise qui produit est la vache à lait de tous les secteurs de conseils, de services, et administrations qui contrôlent et prélèvent. Les erreurs sont nombreuses, mais la démonstration est toujours à votre charge. Votre trésorerie commence un yoyo fou. Vous allez donc avant tout vous instituer pompier administratif. Votre travail de producteur passe très loin derrière. À chaque jour son combat.

Faites de vos concurrents des alliés ou des éléments neutres

Heureusement, les concurrents sont dans la même galère que vous. Enfin pas tous ! Et quand ils vous dénoncent aux impôts, à la DASS ou font circuler des rumeurs de dépôts de bilan, quelle que soit la vérité, votre temps à vous devient rude. Celui de votre entreprise est compté.

Faites-vous connaître ! Participez aux réunions organisées autour de votre métier. Il y a de nombreuses pratiques qui vous sont étrangères, que ce soit l'export, le management, la comptabilité, les partenaires industriels de proximité... Les idées des autres seront vos atouts de demain.

Création d'entreprise, création de soi

La création d'entreprise est à la fois un parcours générateur d'un sentiment très fort de puissance, d'autonomie, de fierté, et une course d'obstacles de toutes natures, génératrice de peurs et d'ivresses infinies.

Dans cette étape, l'accompagnement, par une pépinière ou un organisme *ad hoc*, dépendant du conseil régional ou général, permet de trouver des points d'appui, de solliciter des expertises. Elles permettent de limiter objectivement les risques en faisant les bons choix, et de gagner en sentiment de sécurité. Vous bénéficierez de l'expérience acquise par ces organismes, et de l'exemple des autres entrepreneurs qui avancent sur le même chemin.

La dimension du réseau tissé autour de votre activité sera également déterminante pour vous aider dans les premiers temps. Dans cette étape, la gestion de la peur la plus efficace est l'acquisition des compétences nouvelles nécessaires pour maîtriser l'activité, et une évaluation réaliste et permanente des risques. Cela étant, l'œil vissé sur la trésorerie et le carnet de commandes, vous vivez sous décharge d'adrénaline permanente. Mais vous travaillez pour vous, selon vos méthodes, cela fait toute la différence du point de vue du sens donné au dépassement de soi. Attention au « *burn-out* » !

Les femmes d'abord

À noter les prêts à taux zéro, l'accompagnement spécifique et les fonds de garantie proposés aux femmes désireuses de fonder leur propre entreprise.

Un siège social à l'étranger ?

De plus en plus de créateurs français choisissent l'Angleterre, l'Espagne ou les USA pour y déposer leurs statuts. Législation plus simple, administration plus efficace ou imposition favorable des bénéfices, la réflexion doit être faite très en amont de la création.

Conclusion

> *Il faut que tu respires,*
> *et ça c'est rien de le dire*
> *Tu vas pas mourir de rire,*
> *et c'est pas rien de le dire.*
>
> Mickey 3D

La peur et le plaisir sont les deux systèmes de survie individuel et collectif qui ont permis à l'homme de s'adapter depuis des millénaires.

Dans nombre de situations de souffrance au travail, c'est l'entreprise, cette « personne morale », qui est vécue comme prédatrice du salarié. Or, nos mécanismes de peur s'adaptent mal à ce prédateur invisible, immatériel, dont les pulsions sont issues d'un autre monde, celui de la finance internationale. Finie l'entreprise paternaliste et son patron, contre lequel il était encore possible de faire face, en groupe, entre hommes, dans une dernière stratégie instinctive de survie.

L'organisation sociale, issue de la volonté politique des nations, est dépassée par ces entreprises transfrontalières. Sous la pression, les lignes de fractures s'y propagent comme dans un champ desséché. Il faut donc réinventer des stratégies collectives et individuelles de survie.

Pouvons-nous nous cantonner aux stratégies primitives de stupeur, de soumission ou de fuite ? Aux combats entre congénères pour conserver l'accès aux ressources qui se raréfient ? Ces comportements seraient dangereusement éliminatoires et sélectifs.

Pour survivre face à ce prédateur d'un nouveau type, le salarié apprend à connaître les signaux de danger. Comme les animaux, il modèle ses modes de pensée et sa stratégie de vie en conséquence. Il adapte ses lieux et modes de vie, y compris les temps de reproduction et de croissance de sa progéniture. Le comportement de soumission est cependant la stratégie d'adaptation la plus répandue.

Mais l'entreprise vit elle-même dans un milieu de prédateurs. Elle ne peut survivre sans salariés motivés, innovants et créateurs. Ce prédateur d'un nouveau type apprendra d'autant plus vite à ménager sa proie que celle-ci saura lui donner les signaux d'agression, de stupeur, de fuite ou de soumission susceptibles de le menacer dans sa survie.

Salariés et entreprises ne s'affrontent plus dans la production, l'organisation ou le métier, ils s'affrontent au niveau éthique. Délaissant les combats internes, ils s'affrontent sur des champs externes : l'environnement, les organisations internationales, les médias. Privés de communication et de vie sociale dans l'entreprise, ils la recréent ailleurs. C'est le temps des

Conclusion

blogs, des raves et des forums. Privés d'espace de dialogue sur les éléments concrets, les salariés ouvrent l'espace mental de l'humour, du décalage, de l'absurde et des plaisirs qu'ils suscitent. Conscients d'être prisonniers d'un système qui les dépasse, ils apprennent à s'autoadministrer du plaisir.

Les salariés adaptent leur comportement et leur capacité à générer du plaisir, seule source de survie à long terme. Ils ont appris à vivre « ici et maintenant ». Mais après ?

L'entreprise, elle, n'a pas de plaisir, pas d'extase… Elle survit tant que ses fluides l'animent, tant que les consommateurs/salariés achètent ses produits. Tant que cela est leur bon plaisir…

L'entreprise survivra si elle redevient source de plaisir pour ses salariés.
Il ne tient qu'à elle de leur redonner une âme.

À vous maintenant d'imaginer vos solutions...

Bibliographie

[1] Bono E., *Lateral Thinking for Management*, Penguin Business Editions, 1971.

[2] Linch D.,Kordis P. L., *La stratégie du dauphin*, Éditions de l'Homme, 1988.

[3] Senge P., *La cinquième discipline*, Éditions First, 2007 (*The Fifth Discipline Fieldbook,* Ed. Doubleday/Currency, 1994).

[4] Lambert C., *La société de la peur,* Éditions Plon, août 2005.

[5] Hazan É., *LQR. La propagande au quotidien*, Éditions Raisons d'agir, 2005.

[6] Deleuze G., *Anti Œdipe et Mille Plateaux*, Cours de Vincennes, 1972.

[7] Watzlawick P., Eakland J., Fisch R., *Changements, paradoxes et psychothérapie*, Éditions du Seuil, 1975.

[8] Graziani P., Hautekeete M., Rusinek S.,Servant D., *Stress, anxiété et trouble de l'adaptation*,), Éditions Masson, 2001.

[9] Dejours C., *Travail, usure mentale*, Éditions Bayard, 2003.

[10] BERGERET J., *La personnalité normale et psychologique*, Éditions Dunod, 2001.

[11] BOISACQ-SCHEPENS N., CROMMELINCK M., *Neurosciences,* 4e éd., Éditions Dunod, 2004.

[12] BOURDIEU P., *Le sens pratique,* Paris, Éditions de Minuit 1980.

[13] HASSAN S., *Protégez-vous contre les sectes*, Éditions Du Rocher, 1995.

[14] PAVY G., *Dirigeants/salariés, les liaisons mensongères*, Éditions d'Organisation, 2004.

Table des matières

Préambule 7
Introduction 11
Chapitre 1 : Comprenez vos émotions 21
Chapitre 2 : Reprenez plaisir au travail 29
Chapitre 3 : Respectez la culture d'entreprise 41
Chapitre 4 : Soumettez-vous à l'autorité 49
Chapitre 5 : Appuyez-vous sur les normes ISO 71
Chapitre 6 : Prenez votre part de responsabilité 77
Chapitre 7 : Apprenez à « porter le chapeau » 83
Chapitre 8 : Trouvez un compromis avec les exigences éthiques 85
Chapitre 9 : Restez politiquement correct 95
Chapitre 10 : Consolidez votre employabilité 99
Chapitre 11 : Tissez votre réseau 111
Chapitre 12 : Choisissez vos combats 117
Chapitre 13 : Innovez 121
Chapitre 14 : Vérifiez vos outils de travail 127
Chapitre 15 : Préservez votre santé 131
Chapitre 16 : Gérez votre temps et vos priorités 141

Chapitre 17 : Choisissez votre lieu de vie 145

Chapitre 18 : Choisissez votre rémunération 153

Chapitre 19 : Changez d'emploi 165

Chapitre 20 : Allégez la barque 171

Chapitre 21 : Vieillissez au travail.............................. 179

Chapitre 22 : Préparez-vous au licenciement............. 187

Chapitre 23 : Évitez le « burn-out » 193

Chapitre 24 : Harcèlement : Battez-vous et partez 201

Chapitre 25 : Sur la route de la réorganisation............ 221

Chapitre 26 : Survivez à une fusion............................ 225

Chapitre 27 : Traversez un « reengineering » 231

Chapitre 28 : Créez votre entreprise 237

Conclusion.. 247

Bibliographie... 251

Table des matières 253